みんなで変えよう政治 1

あきらめない政治

ジャーナリズムからの
政治入門

鮫島 浩

聞き手
白崎一裕
（那須里山舎）

那須里山舎

はじめに

この本は、みんなで変えよう政治シリーズの第一巻となります。

第一巻の著者、鮫島浩さんは、収録したエッセイの中で次のようにおっしゃっています。政治に「『無関心』の人々は日々の生活に満足しているから『無関心』なのではない」

ここが、ひとつのポイントですよね。

多くの庶民は、毎日ためいきをつきながらようやく生きていて、暮らし、人生への不満をパンパンにためこんでいる。しかし、それが政治の世界につながらない、誰も政治がその不満を解消してくれるとは思っていない。

みんなあきらめているのです。

仏教で説かれていることですが「人間の苦は、生（生きること）、老（老いること）、病（病気になること）、死（死んでしまうこと）」というわけです。

これって、人として逃れられないものでしょう。しかし、もしかしたら、政治の力で、その苦痛を取り除いたり、和らげたりできるかもしれない。

「個人的なことは、政治的なこと」というフェミニズムの言葉があります。フェミニズムなんて大嫌いという人も、ちょっと待ってください。

個人的なこととあきらめていた悩みが、政治の力でなんとかなるかもしれない。そんなことないですか。

政治は、自分たちから縁遠い、雲の上の人々がやっていることではないはずです。だって、「みんな」が選んだ人たちがやっているのですから。政治は、「みんな」の力で「みんな」の苦しみや悩みを解決する知恵になるのではないでしょうか。

そう信じて、このシリーズ本をスタートさせます。ひとり出版の私からも政治を変える何かができるかもしれない。

そんな、みなさんへの投げかけでもあります。

これからも、どうぞ、よろしくお願い申し上げます。

那須里山舎　白崎一裕

みんなで変えよう
政治シリーズ 1

あきらめない政治

ジャーナリズムからの政治入門

CONTENTS

第2章 政治における「事実」について 45

第5章

日本の上下対立・外交・地方政治 そして政治ジャーナリズムの未来へ　147

第1章

政治ジャーナリスト
鮫島浩の原点とは

――鮫島さんは、京都大学法学部卒業後朝日新聞に入社され、39歳の若さで政治部デスクに起用されるなど、一般的にはスーパーエリートだと思いますが、ご著書『朝日新聞政治部』に書かれているように朝日新聞を早期退社され、現在のサメジマタイムズをはじめられた経緯からも、普通のエリート新聞記者とは一味違うタイプだと思います。まずは、そのエリートだけれどもエリートらしくない「原点」から伺いたいと思います（このインタビューは２０２３年11月7日に行われた）。

シングルマザー世帯が原点

鮫島　はい、わかりました。

――ご著者でも、何度かふれられていますが、シングルマザーのお母さまに育てられた「母子家庭世帯」でいらっしゃると。

鮫島　私の父親も母親も高卒で、父親のほうは日清製油に勤めていたサラリーマンでした。だから極貧家庭に育ったわけではなく、普通の中流転勤族だったと思います。幼稚園の時が浜松、小学校が尼崎、中学高校が香川県の高松と転々としていました。そんなお金持ちではありませんが、一億総中流の時代と言われた時代のそのまさに中流に育ったわけです。

そこに転機が訪れます。中学一年の時に父親が家を出て行ってしまい、その後に会社も辞め、両親は離婚しました。

ということで母子家庭になったんです。これが最初の人生の試練というか、大きなショックとなりました。何がショックだったかというと、それまでは、高松市内の小ぎれいなハイツの社宅に住んでいました。ところが父親が失踪してしまったわけですから、社宅を出て近くの古い県営住宅に移り住むことになります。ちょうど、姉が高校受験ということもあり、高松に住む必要があったわけです。これ、同じ通学している中学校区内だったのですが、いかにも生活水準が落ちたっていう実感がありました。当時の高松ぐらいだとシングルマザーというのも珍しく、友人たちにも引っ越した理由とか両親が離婚したこととか、言いづらいものがありました。いったい自分はこれからどうなるんだろう、友人たちは自分のことをどう見ているんだろう、という複雑な心境でした。これこそ、中流からの転落というのでしょうか。母親は、健康ランドでお風呂掃除をして働きながら、女手一つで私たち姉弟を育ててくれたのですが、この転落感、没落気分みたいなことは大きかったですね。

次に、転落感を味わったのは、京都大学に進学してからです。うちにお金がないのはわかっていましたから、私立大学に進学する選択はありませんでした。最初、下宿探しということになり、何度も下見に行く余裕はないので、当時、姉が大阪教育大学に行っていて、彼女が下宿を見つけてきてくれました。そこは大家さんの家の離れにある京都の古い家屋で、家賃月1万円ぐらいのお風呂やトイレどころか水道もないような部屋でした。それで、そこに住み始めたときに、母親にポンと5万円渡されて下宿に一人残されるわけですが、母と姉が帰り際に私を振り向いた時に、玄関の扉から後光が差し込んでいるように見え、自分は置き去りにされたな、という感覚がありました。よく早稲田、慶応の学生が金持ちだということは言われますが、そのころから実は東大・京大の学生のほうが金持ちであり「格差社会」だったんですね。同級の学生たちは、小さいころから塾とか行って、下宿も当時で家賃6万から7万円ぐらいのお風呂つきワンルームマンションみたいなところに住んでいる学生が多かった。そこで今風にいうと「格差社会」を深く感じたというか、そういうことですかね。

ここは、子ども心にとてもショックで、「恵まれた家に生まれた人とそうじゃない境遇の家に生まれた人とではえらい差があるな」と。当時は、他の人のことは考える余裕なんかなくて、なんて自分は運が悪いなと、まさに親ガチャです。ここが良くも悪くも私の原点なんです。

COLUMN 1

尾野真千子主演の映画「茜色に焼かれる」から私に届いたコメント依頼

尾野真千子主演の映画「茜色に焼かれる」に推薦コメントを寄稿してほしいという依頼が、SAMEJIMA TIMESの「講演・執筆依頼」欄に届いた。

映画にコメントを寄せるのは、高松高校の同級生である小川淳也衆院議員を追ったドキュメンタリー映画「なぜ君は総理大臣になれないのか」につづいて二回目である。「なぜ君は〜」は私の専門領域の「政治」が題材だった。小川淳也とは30年以上の仲であり、大島新監督とも旧知の間柄だったので、さほど驚きはなかった。

今回はさすがにびっくりした。尾野真千子は画面を通じてしか知らない実力派女優。オダギリジョーや永瀬正敏ら豪華キャストはまさに画面の向こうのスターである。いったい、なぜ、私に…？

コメント寄稿の依頼書にあった映画の概要を読んで、すこしナゾが解けた気がした。

「この世界には、誰のためにあるのかわからないルールと、悪い冗談みたいなことばかりがあふれている（中略）弱者ほど生きにくいこの時代に翻弄されている一組の母子がいた。哀しみと怒りを心に秘めながらも、わが子への溢《あふ》れんばかりの愛を抱えて気丈に振る舞う母。その母を気遣って日々の屈辱に耐え過ごす中学生の息子。果たして、彼女たちが最後の最後まで絶対に手放さなかったものとは?(後略)」

なるほど、尾野真千子は主役の「母」なのか。これは格差社会を生き抜く母子の姿を描いた映画なのだろう。私はこの連載(サメジマタイムズ内での連載のこと・編集部注)「新聞記者やめます。あと80日!『私は27年間、新聞をタダで読んできました』」で、母子家庭に育ったことを明かしていた。もしかしたらこの映画に携わるどなたかがそれを読んで、コメントを依頼してくれたのかもしれない。

私はさっそく受諾のメールを返信した。送付されてきたURLをクリックしてパスコードを入れると、その映画は始まった。

冒頭から釘付けになった。母子家庭になった経緯は違う。私たち母子は、映画の母子ほど、気丈に振る舞ったわけでも、屈辱に耐え過ごしたわけでもなかった。映画に登場する中学生の息子は母と二人で暮らしていたが、私には姉がいた。ここはいちばんの違いであろう。それでも、重なる部分がかなりあったのだ。

県営住宅の一階の部屋、オンボロ自転車で駆ける日々、夜遅くまで働く母、そして彼女の恋愛と失恋…。それらの描写は、30年以上前の私の記憶を次々に呼び覚ましていった。もうこれは客観視できない。ジャーナリストとしてコメントを寄せる立場としては失格かもしれないのだが、私はすっかり「中学生の息子」に感情移入してしまったのだ。

あっという間の144分。私はしばらく茫然としていた。う～ん、これは上手にコメントを書けるかな。ちょっと自信ないな。コメントは50～80字か。そんな分量では書き切れないな。それをやってのけるのがプロの仕事だが、これは難しいな…。

ネタバレになるのでこれ以上は書けない。だが、私は80字のコメントを書くのに四苦八苦した。毎日書いているツイートのおよそ半分である。文章というのは短くなればなるほど難しい。七転八倒の末、私が映画会社へ送ったコメントは左記のとおりである。映画の公式HPやTwitter、Webニュースなどで使われるという。

公営団地に暮らす母子家庭、母の失恋そして包丁の追憶。息子の境遇が我が身に重なり、感情移入してしまった。格差が格差を生む理不尽な社会に差し込む茜色の未来が美しい。

映画会社さん、ごめんなさい。あまりチャーミングではなくて…。

映画公開のニュースリリースが数日前に届いた。女優の前田敦子さん、作家の室井佑月さん、映像ジャーナリストの伊藤詩織さん、社会学者の上野千鶴子さん、国際政治学者の三浦瑠麗さんらに並んで私のつたないコメントが載っている（↓「映画ナタリー」の記事 https://natalie.mu/eiga/news/428053）。

神戸にひとりで暮らす母が見つけたら、怒るかな。幸いなことに、彼女はパソコンもスマホも持っておらず、ウェブの記事もＳＡＭＥＪＩＭＡ ＴＩＭＥＳも読めない……黙っておこう。

この社会に溢《あふ》れる「強者をたすけ弱者をくじく」ルールのこと、「上級国民」から「コロナ」まで時事問題を織り交ぜた映画の設定のこと…。触れたい内容は数多くあったが、とても書き切れなかった。文字数の制約のなかで、私がどうしてもコメントに挿入したかったのは、理不尽な社会に差し込む「茜色の未来」のことである。5月21日（2021年）TOHOシネマズ日比谷ほか全国公開である。

アンチ東京というもう一つの原点

——さて、その原点をもうすこし掘り下げたいんですが、鮫島さんのもうひとつの原点にアンチ東京ということがありますね。大島新監督の「なぜ君は総理大臣になれないのか」「香川一区」の映画でも話題になった立憲民主党の小川淳也さんと鮫島さんは、高校の同級生ということで、以前にお二人が登壇されていたシンポジウムの発言で、小川さんが「校長先生から、鮫島君を東大に進学するように説得してくれないか、と私に話がありまして——」という話があって、そのころから、鮫島さんはアンチ東京だったの

かと再認識させられたのですが。

鮫島　そうですね。その小川君への返事は「俺は京大に行く」だったのですが、生まれが尼崎でずっと関西で育っていると、単純に京大かっこいい（笑）というのがあったんです。それから、もう一つは今から考えると自分なりの勝負勘というのがあった。つまり、もし東大にいって東大出のエリートになるど真ん中の人生ではなくて、ど真ん中ではないちょっとはずした自由なところで生きると。東大に行ってエリートの守りの人生じゃないところで生きていったほうがいいのではないかと考えました。学歴なんてどうでもいい、単なるファッションみたいなものだと思っていましたが、京大のほうが楽しい人生ではないかという勝負勘のようなところで決めていきました。

まあ、関西中心で生きていましたから東京は良く知らなかったというのがありましたが、なんでも、東京中心に考える思考が嫌です。サメジマタイムズにも書きましたが、沖縄から北海道まで日本はあるのに、東京を語る時だけ「渋谷は」とかいって、東京をはぶいちゃう。いったいどこの「渋谷」だよ、と言いたいわけです。当然、高校野球でも地方の学校を応援したくなる、そういう感じです。

マスコミ志望ではなかった就活

――それで、鮫島さんの場合、大学生になって市民活動していたとか、何か特別な政治的関心があったとか、そういうことでもないのですよね。

鮫島　あえて記憶をたどると、中学ぐらいのときに当時の久米宏さんのテレビ朝日「ニュースステーション」をみていて、政治家のことが腹立たしいと思ってテレビに向かって文句を言っていたという程度の反骨心ぐらいはあったかもしれません。

ただ、本当にお金がなかったので、アルバイトばかりしていました。だから、気持ちの奥底に、金持ちばかりが良い教育を受けてどんどんまた金持ちになっていく理不尽さというのはあったと思います。だから、その金持ち連中の側には立ちたくない、ということでしょうか。

――それで、ご著書にも書かれていましたが、就職活動では、マスコミ以外のところ

に声をかけられたわけですね。

鮫島　ええ、ただ、私は就活について特段の知識もなく、まずは知っている企業に一つ一つ声をかけてみようと、ただそれだけだったのです。商社、銀行、保険会社などの就職試験をうけて内定を次々もらうとうれしくなって、でも、みんな断って、その中でも熱心に誘っていただいた新日鉄（現・日本製鉄）に行こうかなと考えたときに、はたと気がつきました。「俺ってそれでいいのか」ですね。ここで、しっくりこなかったんです。ビジネスとか金儲けということにリアリティを感じなかった。

――『朝日新聞政治部』にも書かれていましたが、その新日鉄の熱心に鮫島さんを口説かれたSさんにお断りの言葉というのが「政治」だったと。

鮫島　そう。あのときは、40代中堅バリバリのサラリーマンとしてのSさんの迫力がせまってきて、右も左もわからない学生の私が、取り繕うこともできずに、正直に「ビジネスはしっくりこない」と言うだけでした。それにSさんは納得されなくて、そんなやりとりの繰り返しだったんです。そこで苦し紛れに、私が「政治」に取り組みたいという言葉を繰り出したときに、Sさんの説得が止まったんですね。このとき逆に私は「政治」という言葉の力を強く認識させられました。当時の若造だった自分からすると大人の世界にある「政治」という言葉の魔力というようなことでしょうか。その場面はいまでも印象に残っています。

COLUMN 2

なぜ私は新聞記者になったのか
~「記者は他人の人生を書く。主役になれない」と問われて

いよいよ新聞社を退職する日がやってきました。

2月末にスタートした連載「新聞記者やめます」で「なぜ新聞記者をやめるのか」

をひたすら書き続けてきた気がします。最終回の今日は原点に立ち返り「なぜ新聞記者になったのか」を綴《つづ》りたいと思います。

私は１９９４年に京都大学法学部を卒業し、朝日新聞社に入社しました。バブル経済は崩壊していたものの、なお余韻が残る時代でした。数年後に襲ってくる就職氷河期の「失われた世代」や現在の「コロナ禍世代」と比べれば、気楽な就職活動の時代だったと思います。

当時の京大生のご多分に漏れず、私は充実とは程遠い学生生活を送っていました。就職活動中の１９９３年は自民党が下野し細川連立内閣が発足した戦後政治史の重要な年です。同年７月の衆議院選挙で京大のある京都１区（当時は中選挙区制）からは、のちに民主党代表となる前原誠司氏が日本新党から初当選しました。

でも、私にはこの衆議院選挙の記憶がないのです。政治のことにも、世の中のことにも、関心が薄かったのです。自分のことで精一杯でした。今の若者を「政治に関心がない」と批判する資格はありません。

もちろん、新聞など購読していませんでした。母子家庭で仕送りがなく、奨学金とアルバイト代で辛うじて学生生活を送っていたというのは言い訳です。トイレも風呂も洗面所もない「離れ」に下宿した入学当初はたしかに厳しい生活でしたが、3～4年生にもなると塾講師のアルバイトで稼ぎ、自分の車まで手に入れていましたから、ひとえに「学び」に不熱心だったというほかありません。その気になれば大学の図書館で新聞くらい読めたはずですから、やはり「関心がなかった」というのが実態だと思います。

朝日新聞社の採用試験を受けることになったのも、お恥ずかしい話ですが、彼女が新聞社志望で、募集要項を2通もらってきたのがきっかけでした。今となってはそこに何を書き込んだのかも覚えていません。朝日新聞といえば「リベラル」「左派」

というくらいの印象しかありませんでした。ただ、これを境に「そろそろ就職活動しなければ」と焦り始めたのを覚えています。

親しい友人たちが国家公務員Ⅰ種試験（法律職）を目指し勉強していたので、遅ればせながらその輪に入れてもらいました。私はこの手の「受験競争」は得意で、過去問を2〜3カ月ひたすら解いて挑んだ筆記試験に合格し、友人たちを驚かせました。その後、霞が関のキャリア官僚たちを「訪問」しましたが、自分たちの省庁の自慢話をするばかりで失望しました。

そこでさまざまな業種から名前を知っている企業を一つずつピックアップして訪問することにしたのです。銀行、生保、商社……。朝日新聞社はその一つでした。「名前を知っている企業」として「報道機関」の中からたまたま一つ選んだという認識でした。恥ずかしいほどに意識の低い学生だったのです。

私は当意即妙に答える「面接」に自信がありました（政治記者になった後も記者会見やインタビューで二の矢三の矢を放って政治家を困らせるのが好きでした）。それが功を奏したのか、朝日新聞社を含め複数の企業から内定をいただきました。

私は朝日新聞の東京本社や京都支局に見学にうかがい、何人かの新聞記者に会いましたが、残念なことに魅力的な人とは出会えませんでした。「キャリア官僚」と同じ匂いを感じました。

私は朝日新聞社の内定を断りました。

代わりに選んだのは、新日鉄（現・日本製鉄）でした。この会社は会う人会う人が実に魅力的でした。私は彼らに魅せられて新日鉄という会社にのめり込んでいきました。

製鉄所も見学させていただきました。「鉄は国家なり」と熱く語る人、ヒッタイト以来の鉄の歴史を詳細に紐解《ひもと》く人、鉄鋼労働者が暮らす宿舎の四畳半の部屋に案内し「君がこの会社に入って最初にする仕事はこの宿舎が煙草の不始末で火事にならないようにすることだ」と説く人…。私の前に次々に現れる「鉄鋼マン」は誰もが情熱的な人たちで「キャリア官僚」や「新聞記者」より生き生きしているように見えました（私が退職届を出した今年２月、当時お会いした方が日本製鉄役員として活躍する姿をニュースで拝見し、感慨深いものがありました）。

新日鉄のなかでも私を気に入ってくれたのが、Ｓさんでした。大阪・梅田の高層ビルに入る店に何度となく呼び出され「君と一緒に仕事をしたい」と口説かれました。Ｓさんはパリッとしたスーツに身を固め、紳士的で、一介の学生だった私には輝いてみえました。私は新日鉄へ入社する決意をＳさんに告げたのです。

迷走はここから始まりました。私は世の中のことをあまりに知りませんでした。

恥ずかしいほど無知でした。将来の具体的な設計図もまったく持ち合わせていませんでした。鉄鋼マンたちはたしかに魅力的でした。私は「人の魅力」で新日鉄を選んだのでした。ところが、自分がいざ「鉄鋼マン」になると思うと、「鉄は国家なり」と熱く語る人やヒッタイト以来の鉄の歴史を詳細に紐解《ひもと》く人のように、「鉄」に人生を捧げる覚悟が湧いてこなかったのです。自分の将来像がまったく見えてこなかった。

一度決断しないと本心に気づかないというのは愚かなことです。決断を取り消すことでいかに多くの方にご迷惑がかかるかという想像力にも欠けていました。就職活動の季節はとっくに過ぎ去っていました。それでも私は居ても立ってもいられず、いったん内定を断った会社に次々と「もういちど考え直していいですか」と問い合わせたのでした。

もちろん「採用はもう終わりました」という返事ばかりでした。そのなかで唯一、

「今からでも来て良いよ」と答えてくれたのが、朝日新聞社だったのです。当時の採用担当者から「君はちょっと変わっているし、新聞のことをあまりに知らなさすぎるから、新聞記者になってうまくいくかわからないけれど、来たいのなら、来てもいいよ」と言われ、負けん気に火がついたのを覚えています。

私は大阪・梅田で新日鉄のSさんに会い、内定をお断りしました。「どこにいくのか」と問われ、「新聞記者になります」と答えました。Sさんは納得しませんでした。「なぜ新聞記者なのか」と迫ってきます。私は新聞記者という仕事をろくに知らないのに「いろんな人の人生を描きたいからです」と魅力を欠く返答をしました。Sさんは断固として譲らず、熱く語りました。

「新聞記者は他人の人生を書く。所詮は他人の人生だ。主役にはなれない。我々は自分自身の人生の主役になる。新日鉄に入って一緒に主役になろう」

とても熱い言葉でした。心が動きそうになりました。私はこののち、数多くの政治家やキャリア官僚を取材することになりますが、このときのSさんほど迫力のある言葉にいまだに出会ったことがありません。いわんや、朝日新聞社の上司からこれほど迫力ある説得を受けたことはありません。

言葉というものは不思議なものです。Sさんの言葉があまりに情熱的であったからこそ、私はそれでも動かない自分の心の奥底に気づいたのでした。私が抱いていた違和感は「鉄」に対するものではなかったのです。それは「ビジネス」に対するものでした。私はビジネスの世界に身を投じること自体への抵抗が心の奥底に強く横たわっていることを、このときのSさんの言葉に促されて初めて自覚したのです。

なぜ新聞記者なのかと繰り返すSさんに、私がとっさに吐いた言葉は「ビジネスではなく、政治に関心があるからです」でした。

政治家になろうと考えたことはありませんでした。先に述べたとおり、政治にさほど関心もありませんでした。政治記事など読んだこともなかったのです。なのに、なぜ、「政治に関心がある」という言葉が出てきたのか。当時は自分でもよくわかりませんでした。

50歳を前に振り返ると、一介の学生が働き盛りの鉄鋼マンに「なぜ新聞記者なのか」と迫られ、「ビジネス」への対抗軸として絞り出した答えが「政治」だったのだと思います。もちろん「ビジネス」を否定しているわけではありません。私自身の志向がビジネスに向かっていないということです。多くの書物を読み勉学を重ねた学生ならば「学問」「文化」「芸術」などといった、もう少し気の利いた言葉が浮かんだのかもしれないのですが、当時の私はあまりにも無知で無学でした。「政治」という言葉しか持ち合わせていなかったのでしょう。

ところが、私の口から飛び出した「政治」という言葉を耳にして、Sさんはついに黙ったのでした。ほどなくして「残念だ」とだけ語ったのです。Sさんとの別れでした。Sさんにとって「政治」とは、どんな意味を持つ言葉だったのか。当時の私には想像すらできませんでした。

新聞記者になる目前にSさんから投げかけられた「なぜ新聞記者なのか」という問いを、私はその後の新聞記者人生で絶えず自問自答してきました。「両論併記」で「客観中立」を装う新聞記事を見るたびに「新聞記者は主役にはなれない」と言い切ったSさんの言葉を思い出しました。そしてSさんに胸を張って「主役になりましたよ」と言える日が来ることを志して、27年間、新聞記者を続けてきました。

振り返れば、山あり谷あり波乱万丈の新聞記者人生でした。新聞協会賞の受賞や抜擢人事などの「栄光」も、停職二週間の処分や更迭人事などの「挫折」も経験しました。それでもSさんと再会したら「君は主役になったよ」と認めてくれる自信はありません。「所詮は新聞という小さな世界の内輪の話だよ」と言われるかもしれません。

鉄も新聞も斜陽と呼ばれて久しい業界です。27年前の私が進路を決めるにあたり鉄と新聞で揺れたのは果たして偶然だったのか。私がSさんにとっさに吐いた言葉を追うように「政治記者」となり多くの政治家とかかわるようになったのは運命だったか。それらの疑問は未解決のまま、私は新聞社を去ります。

けれども、新聞記者になる前の若かりし日の私にSさんが気づかせてくれたこと～私の心の奥底に横たわる思いは「ビジネス」ではなく「社会的な何か」にあること～は、明日からひとりのジャーナリストとして独立し、小さなメディア「SAMEJIMA TIMES」を育んでいく立場として、決して失うことのない核心であることをここに宣言し、連載「新聞記者やめます」の最終回といたします。(完)

「鮫島政治塾」とは政治のエンタメ化

――導入部分でお聞きしたいことの最後ですが、2023年9月4日から、鮫島さんの新しい試みとして「鮫島政治塾」ということを始められました。その意図は何でしょうか。

鮫島　批判を恐れずにいえば、政治のエンタメ化です。とにかく政治は面白いということを伝えたい。私は政治信条から言えばリベラル派といえるのでしょうが、リベラル派のダメなところは、上から目線の啓蒙してやるという姿勢でしょうね。自分は勉強していて政治をよくわかっている、政治がわからないのは勉強していないお前らが悪いという態度。これは朝日新聞なんかに典型的にありますよね。だから、ネトウヨの人たちが朝日大嫌いというのはよくわかります。私もネトウヨに攻撃されますが、実は、ネトウヨの人たちと私は同じ感性です。お勉強して上から教えてやるという態度にムカつくわけですよね。政治は、基本的に大衆性が基本です。民主主義はみんなのものですから大衆性がないといけません。なので、お勉強する政治ではなくて、エンタメを楽しむ政治を考えたいわけです。

実は、私も政治記者になる前は、先程もお話したように政治に関心なんてなかった。でも、政治記者をやるうちに、「これ面白いぞ」っていうことになるんですね。その面白さの中身は、人間ドラマです。どんなドラマより面白いのが政治の世界です。旧ジャニーズのタレントさんが出演するどんなドラマより面白い。政治を良い・悪いのイデオロギーで区分けしてもつまらない。そんなことより、政治の世界で起きている人間ドラマに注目するわけです。完璧な人間なんていませんから、その人間のドラマ性をどんな形でも受け入れて楽しむ。株が上がるとか下がるとかと同じで、どの人間が政治の場面で勝つか負けるか、そこに焦点をあてて、ひたすら情報を集め深読みする、そんなことを私は記者時代からやってきました。いわば、ワルの心をよむ楽しさっていうんでしょうか。鮫島政治塾の第一の目的は、この政治の楽しさを伝えるということがあります。ここには、人間を深く知る楽しさというものもあります。

ただ、記者時代には、政治の面白さを十分伝えきれてなかったという反省点があったので、朝日新聞を辞めたらそれをやりたいと思っていたところがありました。その伝え方は、今のサメジマタイムズでやっているように、文章で書いたり、ユーチューブで動画配信したりということになるんですが、ユーチューブなんかも時間が限られているので、もうちょっと生の双方向の交流みたいなことをしたいと考えました。それが鮫島政治塾です。

政治の楽しみとは、人の悪口をいうことです（笑）。普通の人の間で悪口言いあったら、それは問題ですよね。でも、政治家の悪口はいくら言ってもかまわない。唯一、何の遠慮もなく悪口を言えるのが政治家なんです。一般の人々は、日々の暮らしのなかで、苦しいことがたくさんあって鬱憤《うっぷん》がたまっていて、そのはけ口を政治家にむかって吐き出せばいいんです。それを弱い立場の人にいっちゃいけない。権力をもっている政治家に言うべきです。そして、その悪口を受け止めるのが政治家の仕事の一つだろうと。そのくらい受け止めなさいよ、政治家さん、という感じです。

――なるほど。大衆の政治参加は政治のエンタメ化からということですね。

鮫島　例えば、最近の岸田首相の悪口で「増税メガネ」というのがありましたね。メガネをかけている人への偏見をあおるとして批判する声もありましたが、今やメガネをかけている人は大勢いますし、岸田首相はメガネのベストドレッサー賞を受賞して、イメージアップに利用してきたんですよ。権力者が自慢していることを揶揄《やゆ》する悪口は、委縮しないでドンドン言いましょうと言いたいです。そして私は率先してその悪口を言ってやるというスタンスです。こうして政治というのは見るのも楽しいけれど、参加するのも楽しいよということを伝えたかったということがあります。野球でもサッカーでも最初は見ることからはじまりますね。そのうち、中立的に見ていてもつまらないことに気がつく。客観的に解説者が、例えば、オリックスとか阪神の野球のチームの戦力分析なんかしてくれますが、もともと、野球好きな人にはそれでいいのかもしれませんが、野球に興味ない人にとっては、そんな解説されても面白くもなんともないわけです。でも、どちらかのチームに肩入れして、黄色いメガホンでも持って応援しだすとがぜん面白くなってきます。それで球場に行ってチームの応援なんかしだすと大騒ぎですよ。そうして野球の試合に参加するとはじめて面白さが増してくる。政治もまったく同じです。最初、見ているだけで、例えば岸田首相の解散権が封印されました、なんていう政治解説されても誰も面白くなんかない。はたまた、政治の歴史解説なんか興味なくてもかまわない。そこで、自分が応援したいような政治家を決めて、対立する政治家の悪口なんか言いいだすと興味がでてきます。それで、推薦する政治家の運動員か何かで参加するともっと面白くなる、そういうものだと思います。サメジマタイムズは、そんな、めっちゃ面白い政治をみんなで共有する場にしたい。繰り返しますが、政治の本質はエンタメなんです。

――政治のエンタメ化というのは、鮫島さんの記者経験が反映していますか？

鮫島　先程も言いましたが、私は学生時代にろくに勉強もしないで新聞記者になったわけです。新人の茨城県赴任時代も、記者バッチがあれば、20代のぺーぺーが県警本部長にも会えるし、知事にも会える。その後も、首相官邸にも入れるし、いろんな有力政治家にも対面で会えるわけです。そういう仕事を続けながら、一体この「新聞記者」というものの意味はなんだろうと日々考えるわけですよ。それで考えついたのが、ジャーナリズムというのは、大衆とともにあって、権力者に堂々と悪口をいうことではないかと。いっしょに、みなさん悪口いいましょう！ですね。

大衆にうずまく不満を吸収しないとジャーナリズムはダメになります。めぐまれた何不自由ない人には、政治もジャーナリズムもいりません。一般大衆の困ったことを引き寄せるのが、政治とジャーナリズムの一番の役割でしょう。政治家のパワーの源泉というのは、「俺の後ろには、有象無象の多くの不満があるぞ」という大衆の不満なんです。経営者なら金の力ということでしょうが、政治家は大衆の声こそが力です。野党の政治家は、それ自体が存在意義としてあるわけで、上から目線で啓蒙してやるぞという官僚と同じ体質ではいけません。朝日新聞や立憲民主党なんてその最たるものになってしまっています。

COLUMN 3

政局の読み方を伝授する『鮫島政治塾』を開催します！

現在進行中の政局を題材に学ぶ双方向型イベントを9月4日に渋谷で！オンライン参加も大歓迎

政治家は不都合なことは隠すし、平気でウソもつく。マスコミは政治家の言うことを垂れ流すばかりで、肝心なことを報じない。政界で何が起きているのか（What）、なぜ起きているのか（Why）、次はどうなるのか（Next）――。テレビや新聞ではさっぱりわからない。逆にネットには情報が散乱していて、何を信じていいのかわからない。そのような声が私にはたくさん届いています。日本社会を覆《おお》う「政治不信」の最大の原因は、政治の本質をクリアに報じない「政治報道不信」にあると痛感します。政治報道が良くなれば、政治も良くなる。私はそう思います。

政治報道に必要なのは、What、Why、Nextを、明確に、簡潔に、論理的に伝えること。この3要素を欠く政治記事は「不良品」です。テレビ新聞には「不良品」が溢《あふ》れかえっています。ひとりひとりがマスコミに飛び交う情報を自ら収集して分析し、What、Why、Nextの3要素について自ら結論を出すしかありません。そのためにはネット上に氾濫《はんらん》する情報をふるいにかけて真実を抽出し、その他の情報や過去の出来事と照らし合わせて深く分析し、今後の政治の行方を見立てる「政局を読む技術」を身につけなければなりません。

私は、永田町で四半世紀にわたって「政局」を追いかけてきました。その立場から見れば、昨今の政治報道は政治家の表面的な発言を羅列するだけで、あまりに薄っぺらく、視聴者や読者を混乱させるばかりです。政局を報じる政治記者たちの経験不足・能力不足が甚だしい。これでは日本社会全体の「政局を読む力」は落ちる一方で、マスコミを通じた世論操作を目論《もくろ》む政治家たちの思うつぼです。岸田文雄首相が衆院解散の覚悟のないのに政局的思惑で煽《あお》りまくった6月解散説をマスコミが垂れ流し、岸田政権の世論操作に加担したのはその典型例でした。

そんな危機意識から、参加者の皆様と「政局の読み方」をともに学んでいく『鮫島政治塾』を開催することにしました。会場参加と配信参加を募り、現在進行中の政局を題材に、政治家のウソやマスコミのミスリードを見抜いて政治の流れをつかむコツを伝授するイベント企画です。

参加者にはあらかじめ「課題」をお伝えし、当日は「投票ボタン」等で参加してもらう双方向型の政治イベントにしたいと考えています。

第２章

政治における「事実」について

政治における「事実」とは

——さて、本題です。政治における「事実」とは何か？ということから伺いたいのですが。

鮫島　まず、政治における「事実」ということのスタートは、「事実は分からない」ということです。ここがスタート。これは政治ジャーナリズムも同じです。分かりやすい例として、よく私は天動説と地動説の話をします。600年ぐらい前のヨーロッパ社会では、みんな天が動いていると思っていて、地球は不動の宇宙の中心だったわけです。ところが、コペルニクスやガリレオとかがこれを批判して、地動説をとなえて罰せされるなんてことになる。

当時のヨーロッパだって頭のいい人はたくさんいたと思います。しかし、そんな頭のいい一流の人たちでも、天動説を信じていた。この歴史的事例を考えてみても、私たちが今は正しいと思うことでも、100年後、300年後には、その事実が覆るかもしれないということです。こういう、何が絶対的に正しいなんて言うことは分からないという大前提のルールを確認しましょう、というのが政治および政治ジャーナリズムの基本だと思います。このことは、東大教授が言おうが、お役所、財務省が言おうが、裁判官が有罪を下そうが、それも冤罪かもしれないわけです。また、科学が大切だといいますが、その科学的事実が間違っているかもしれない。原発だってかつて安全だという人がいて、現在、問題になっている汚染水だって、海洋放出の根拠となるデータの正しさも怪しいものです。以上のように「何が正しいかわからない」ということが誠実な政治ジャーナリズムの基本です。

ただし、何もかもが分からないということになるとみんな不安になるし社会も混乱します。それなので、「とりあえず」今の時点では、現在、事実と認定されていることを「事実」として認めましょう。ここから、社会を動かしていきましょうというとりあえずの前提から出発するわけです。このことは、「事実」というのは客観的事実ではなくて、今現在の暫定的な認定における「事実」というわけです。では、誰がその暫定事実を認定するかというと、それは、それぞれの社会組織なり人なりが認定していけばよいと思います。ここで政治ジャーナリズムの役割は何かというと、例えば、裁判の判決でいえば、裁判所が有罪と認定したかもしれないけれどジャーナリストとしての私は無罪だと考えていると、そういうジャーナリズムの働きをみなさん認めましょうね、ということです。

裁判なら有罪の認定で社会は一応動かす、判決に基づいて損害賠償なり刑事訴訟なら懲役刑とか確定していきます。しかし、ジャーナリズムとしては、無罪という可能性もあるということで「事実」認定の闘いを始めることになります。

「事実」をめぐる政治取材現場

――「事実」認定と現場取材は、どんな関係にありますか。

鮫島　まさに取材の現場は、何が事実かは混とんとしています。政府発表のデータにしても、なんにしても、本当かうそか?分からない。とりあえず、一時的に事実として認めて動いているにすぎません。

これらの「事実」をめぐることは、こと政治家の取材となると顕著にあらわれてきます。

よく私が政治論評を書くと、「鮫島！おまえちゃんと取材したのか」と聞かれることがあります。これに対して私はよく言うのですが、「政治家を直接取材している場合もあれば、しない場合もある」というのが正確な答えです。ここに含まれている意味は、取材したから本当のことが分かるのか、という問題です。政治家に取材して話を聞くと、これは、ほとんど言っていることがうその場合が多い。人間は基本的に自分にとって不都合なことは言わない、ということです。これは、不都合なことを隠すだけでなくうそをつくということです。だから、取材をしたから何かが分かるというものではない。取材をした玉石混交情報の中から、それらをろ過して正しいものを抽出すること、これがジャーナリズムにとって最も大切なことで難しいことなんです。

政府が発表したものもうそだらけだから、それを吟味しないでそのまま垂れ流すと、国民を欺くことになります。ここはとても大切なところです。

私は朝日新聞時代から後輩たちによく言ってきました。一般の人間関係では、うそをつくやつが悪い、これは当たり前です。しかし、新聞記者と政治家という関係の世界では、だまされるやつのほうが悪いんです。ジャーナリストとしては絶対にだまされてはいけない。どんなに良心的な記者でも、政治家にだまされたら失格です。どうしてか、それは先程もふれたように、政治家が言ったことを信じて、そのうそをそのまま書いてしまったら読者をだますことになるからです。これが政治ジャーナリズムの基本のキです。

では、どうしたらだまされない記者になれるか、です。

何が正しい情報かという分析力が必要ということは、その通りですが、私が後輩たちに話しているのは次のようなことです。

記者会見においてみんなで聞いた話と、君が一人で、政治家の家に招かれて、寝室に入れてもらってオフレコでこっそり聞いた話とどちらを信用しますか、ということです。ここで記者たちはたいてい間違った判断をする。若い記者たちは、自分が苦労して努力して政治家にサシで会って自分だけにオフレコ情報を語ってくれた、これこそ真実だということになります。でも、そこが大間違いです。実は、オフレコで一対一で話した時こそがうそをつく場面なわけです。「ここだけ、君だけに話すよ」ということは、そこでうそをついたってオフレコだから責任を問われない。ところが、公開の記者会見でテレビカメラが回る前で話したことは、うそがばれたら国民から袋叩きにあうので、やはりうそはつくのが難しい。だから、オフレコではなくてオンレコが重要。一人で聞く話よりはみんなで聞いた話の方が信頼度が高いわけです。このことが情報の信頼度を見極めるポイントになります。

「3・11東日本大震災」とジャーナリズム

――ここで、政治ジャーナリズムの「事実」に関する具体的事例についてふれたいのですが、ご著者の『朝日新聞政治部』の一つの山場でもある、3・11東日本大震災時のことについて伺いたいと思います。鮫島さんは、当時の首相であった菅直人さんにもっとも食い込んでいた新聞記者であり、当然、官房長官の枝野さんとも旧知の関係であり、細野豪志さん（当時、総理大臣補佐官）とは大学生時代からの友人であり、3・11における首相官邸情報に最も肉薄できるジャーナリストでいらっしゃったわけです。その鮫島さんでも福島で何がおきているのか分からなかった。あのときの政治ジャーナリズムについてのありかたはどうなんだろうと、そのあたりをお聞きしたいです。

鮫島　3・11の時は、まず、政府には、国民がパニックを起こさないようにするという意思があったと思います。その上で政府は情報を極力伏せるという姿勢がみられた。マスコミの方もここで下手に動いて報道すると自分がパニックを引き起こしてしまうかも、という強い恐怖心がありました。そこで、マスコミ側がとった態度は、確実なこと以外は伝えないということに徹しました。これは裏を返せば、世の中のためにそうしたわけではなく、最後に自分が責任を問われないため、自分の所属する朝日新聞社が責任を問われないようにするということでより慎重になったということだけなんですね。そのことを今から振り返ると、福島第一原発の事故は、たまたま、偶然が重なって大惨事を免れた。けれど、メルトダウンして格納容器が壊れて大爆発をおこして、それこそ東日本は壊滅していたかもしれないわけです。そうなっていたら我々マスコミが報道を控えたということは、とてつもない歴史的な大きな罪をおかしたことになります。

そして、あのとき、私は政治部のデスクで責任者だった。大惨事を免れて今ここにいますが、原発大事故がおきていたなら、それはないでしょう。すべての人々が命を失うことになっていたかもしれません。まさに記者人生で一度経験するかしないかのことでした。そんな緊迫局面で、当時の枝野官房長官が「直ちに健康に影響はない」としか垂れ流すことができなかった。それでは、我々は代わりにどうすれば良いかという回答は難しいですが、やはり、報道としては落第点です。

では、どう対応すれば良かったのか。これは、なかなか厳しい問題ですが、今から振り返ると次のようなことは言えるのではないかと思います。「今回の大震災の被害、特に福島原発に関しては様々な情報がありよく分からないことがある。ただ、アメリカをはじめ諸外国国民には避難の勧告が出されている。大惨事はないかもしれないが、それぞれ個々人の価値観、人生観に基づいて判断して行動してほしい。これは一般論では答えられないので、みなさん個人の人生、生きざまの課題としてとらえて行動してほしい」という話を新聞のトップの論文で書くようなことをしたかもしれません。今現在、私が編集局長だったら、そのように書くと思います。ただ、当時は、まったく訓練ができていなかった。

コロナパンデミック下での報道はどうなのか

鮫島　3・11の時とまったく同じ状況が今回のコロナ危機です。

今度は、朝日新聞でなくて自分で立ち上げたサメジマタイムズという小さいメディアだから、あの時の反省をふまえて報道しようと思いました。例えば、コロナワクチンですが、この接種については、メリットはもちろんありますがデメリットもある。その接種判断は、個々人の生活状況や家族関係、そして人生観によって違ってくるわけです。

これについて、ご参考にしていただきたいのが、サメジマタイムズに書いた2023年2月14日「政治を読む」のコラム「『3月13日からマスク着用は個人の判断に委ねる』という政府方針とマスコミ報道の根本的な『大間違い』」です。

COLUMN 4

「3月13日(2023年)からマスク着用は個人の判断に委ねる」という政府方針とマスコミ報道の根本的な「大間違い」

新型コロナ対策のマスク着用について「3月13日から個人の判断に委ねる」という政府方針について、案の定、日本社会に大混乱が生じている。そもそもマスク着用は「国民の義務」ではなかったのに、政府も専門家もマスコミも「国民の義務」として扱い、国民もそう思い込んでいたところに最大の原因があると私は思っている。

私の見解は「行動自粛、マスク着用、ワクチン接種…『法律による国民の義務』と『国家による協力のお願い』を3年間もあいまいにしてきた政府のコロナ対策とマスコミ報道の罪」ですでに述べたとおり、政府の発表の仕方とマスコミの報道の仕方に大きな問題があったと考えている。

今回の政府方針を伝える報道をもとに、改めて指摘したい。「題材」は左記のＮＨＫ報道だ（太字は筆者）。

> 新型コロナ対策としてのマスクの着用について、政府は、来月13日から屋内・屋外を問わず**個人の判断に委ねる方針を決定しました**（中略）。医療機関を受診する際や通勤ラッシュ時といった混雑した電車やバスに乗る際などには、**マスクの着用を推奨するなどとした方針を決定しました**。また新型コロナの流行期に、重症化リスクの高い人が混雑した場所に行く際には、感染対策として**マスクの着用が効果的であると周知する**としたほか、症状がある人や同居家族に陽性者がいる人などは、外出を控え、通院などでやむをえず外出する際には、人混みを避け**マスクを着用するよう求めています**。さらに学校教育の現場では、**新学期となる4月1日から着用を求めないことを基本とする**ほか、それに先立って行われる卒業式は、その教育的意義を考慮し、**児童・生徒などは着用せずに出席する**ことを基本とするとしていま

す。

一読して新方針とこれまでの方針のどこが違うのか、私にはよく理解できない。これまでもマスク着用は「国民の義務」ではなかった。国民に義務を課すには法律を制定しなければならない。それが基本的人権を尊重する法治国家の大原則である。しかし今の日本に「マスク着用」を義務付ける法律はない。日本政府はこれまでも国民にマスク着用を強要することは避け、あくまでも「協力要請」してきただけなのだ。政府はなぜ法律を制定してマスク着用を義務付けず、同調圧力を利用して「事実上の強制」をしてきたのか。コロナ発生当初なら「緊急措置」という理屈が成り立つが、コロナ発生から3年以上たつ今、そんな言い訳は通用しない。「国民の自由と権利を侵害することをできるだけ避ける人権尊重の立場から義務付けを見送った」というのが想定問答なのだろうが、「事実上の強制」は「法律による強制」よりも責任の所在があいまいになる分、実はタチが悪い。本当の理由は、政府の政治家、官僚、御用学者たちがマスク着用の義務化で生じる様々な問題で責任を問われることを回避するためだ。

国民に強制する以上、それによって国民に被害が生じた場合は当然のこととして補償や賠償の責任が生じる。マスクが肌に合わず炎症が起きる人、息苦しさから心身に異常をきたす人、マスクを購入できない人への対応、マスク未着用が原因で感染が広がった場合の対処…このような問題から生じる「法的責任」から逃れるためには、法律を制定してマスク着用を義務化することは避けて協力要請にとどめ、日本社会の同調圧力を利用して「あくまでも国民が率先して着用した」として責任を国民に転嫁するのがもっとも都合が良いのである（マイナンバーカードの取得を法律で義務付けず、利便性を強調して自発的な取得を促すのも同じ理由である）。さらに深刻な問題は、政府の姑息な姿勢にマスコミが加担していることだ。「国民の義務」と「協力要請」をない混ぜにして報道し、あたかも義務かのように国民に思い込ませ、政治家や官僚、御用学者らの責任逃れに一役買っているのである。

以上の視点から、先述したＮＨＫ報道をチェックしてみよう。

〇個人の判断に委ねる方針を決定しました　↓　これまでは「個人の判断」に委

ねていなかったのか？　法律を制定してマスク着用を義務化することを避け、「協力要請」や「推奨」にとどめてきたのだから、これまでも最終的には「個人の判断」に委ねてきたというのが的確な認定のはず。にもかかわらず、「個人の判断に委ねる方針を決定した」と報じるのは、ＮＨＫがこれまで「国民の義務」かのように報じてきたこととの整合性をとるためだろう。その結果、国民の混乱を広げているという意味で、ＮＨＫの責任は重大だ。

〇マスクの着用を推奨するなどとした方針を決定しました　↓　これまでもマスク着用を「推奨」してきたのではないのか？　これも同じで、これまで「義務」かのようにミスリードしてきたことと整合性をとるため、今後は「推奨」に改めるということにしたと思い込ませる悪質な偏向報道である。

〇マスクの着用が効果的であると周知する　↓　これまでも「効果的であると周知」してきたのではないのか？

〇マスクを着用するよう求めています　↓　「求めています」というのは「法律に基づいて義務を課している」のか「協力要請している、あるいは、推奨している」

のか定かではない。あいまいな表現の典型である。国民の自由や権利を制約することの是非が政治争点となっているなかで、このようなあいまいな言葉を使うと論点がぼやけてしまう。絶対に使ってはならない表現だ。

○新学期となる4月1日から着用を求めないことを基本とする　↓　これも同様。これまでは「着用を求めてきた」ということだろうが、これは「着用を義務化して強要」してきたのか、「着用への協力を要請してきた」のか、はっきりしない。前者であれば「今後は着用を義務化しない」と表現すべきだし、後者とすれば「これまでどおり着用への協力を要請する」と表現すべきである。この一文は何を伝えたいのか意味不明だ。

○児童・生徒などは着用せずに出席することを基本　↓　これまでは「着用することが基本」だったが、今後は「着用せずに出席することが基本」ということだろうか。この「基本」がごまかしキーワードだ。「文部科学省はこれまで全国の教育委員会に対し、卒業式では学校の施設管理権に基づいて参加者にマスク着用を義務付けるように指導してきましたが、今後はこの指導をとりやめ、各学校の判断に委ねることにしました」ということなのか、それともまた違う意味なのか、さっぱりわからない。このNHK報道は論旨不明である。これまでのマスク着用報道が意味不明だったからだ。「国民に義務を課すこと」と「協力要請すること」を一緒くたにし、政治家や官僚、専門家の責任をあいまいにしながら国民を「事実上の強制」に誘導してきたからだ。まさに国策に加担したのである。その結果、今回の報道も「何がどう変わるのか」がよくわからない報道になってしまっている。フェイクニュースというのか、虚構報道というのか、いずれにしろ、レベルの低い悪質な報道としかいいようがない。このような論旨不明の報道が日本社会を混乱させているのである。

これはNHKに限ったことではない。すべてのマスコミが同様だ。さらに深刻なのは、デスクや記者のほとんどが国家権力に加担するという「悪意」から報じているのではなく、「国民への義務化」と「協力要請」を区別するという習性がなく、無意識のうちに政府発表を垂れ流し、結果として国家権力の責任逃れに加担してしまっているということだ（朝日新聞に長く在籍した立場からこれは断言できる）。

端的にいえば、デスクや記者に「国家権力が国民の基本的人権を制約する」ことへの問題意識がない。すなわち人権感覚が鈍いのである。ジャーナリストとして最も重要な資質を欠いているのだ。

マスク着用問題以上に深刻なのは、コロナワクチン接種問題である。政府は国策としてワクチン接種を推進したが、法律を制定して接種を義務化するのではなく、あくまでも協力要請や推奨にとどめた（全国旅行支援などで接種者を優遇して推進することもあった）。日本社会の同調圧力を利用して、接種による死亡や健康被害が生じた場合の政治家、官僚、御用学者の法的責任を回避し、接種者の自己責任に転嫁したのである。この結果、日本は世界有数のワクチン接種大国となった。しかし、ワクチンによる感染予防効果は極めて低いことがわかってきた。重症化を抑える効果にも疑念が相次いでいる。さらに接種したほうが感染リスクが高まると指摘する専門家も出ている。国際社会ではいまや「薬害」に関心が高まっている。ところが日本の政府やマスコミはいまだに死亡・健康被害の実態から目を背け、ろくな調査もせず、ひたすらワクチン接種の旗を振っている。これまで「国民の義務」かのように接種を推奨してきたことがよほどバツが悪いのだろう。自分たちへの責任追及から逃れることに必死なのだ。

しかし日本国内でもようやく死亡・健康被害の問題が報道され始めた。もはや黙殺できるレベルではなくなってきたということだ。この「薬害」問題は国際社会の動きに引っ張られるかたちで日本でもますます大きくなっていくのではないか。水俣病をはじめ過去の薬害をはるかに超える巨大な政治問題・社会問題に発展する可能性がある。

未知のウイルスに対処する未知のワクチンの接種については、メリットとデメリットをしっかりと説明したうえで、あくまでも自発的判断に委ねるという姿勢を、政府も専門家もマスコミも徹底すべきだった。それを義務のように国民に思い込ませ、国策として接種を事実上強要した法的・政治的責任は極めて重い。死亡・健康被害の責任をどう取るつもりなのか。謝罪するだけでは済まされないだろう。巨額の賠償問題に発展して国民の税負担として重くのしかかる可能性も十分にある。これも「義務」と「協力要請」をあいまいにし、責任の所在をごまかしてきた日本の行政とマスコミ報道がもたらした大失態といっていい。マスク以上に多くの国民の生命・健康に直結する問題だ。繰り返すが、国策として旗を振った政治家、官僚、御用学者、それを「国民の義務」かのように垂れ流したマスコミの法的・政治的・倫理的責任を絶対に許してはならない。責任追及なくして政治の刷新はない。

政府が「右向け右」と言えば、マスコミがそれを垂れ流し、国民が一斉に右を向く社会は、極めて脆弱だ。愚かな政治指導者やマスコミが戦争の旗を振って国民の多くの命を犠牲にし国土を壊滅させた大日本帝国時代の大失態がそれを証明している。政府の主張やマスコミ報道をうのみにせず、個々の国民が自分の頭で情報の真偽を見極め、同調圧力に流されることなく、よくよく考えて行動する社会に生まれ変わる契機としたい。政府やマスコミを信用して身を委ねていたら自分の身を守れないほど、この国の政府やマスコミは壊れてしまったのだ。世界第二位の経済大国というのは今や昔、二流国へ転落したのであるまた、こういう記事も書きました。

COLUMN 5

ワクチン「副反応死」にようやく補償第一号
～ワクチン接種のリスクを黙殺して「国策」の旗を振ってきた政府・専門家・マスコミの共同正犯

政府が国策として旗を振ってきた新型コロナウイルスのワクチン接種。接種後に急性アレルギー反応と急性心筋梗塞を発症して亡くなった91歳の女性に対し、厚生労働省の審査会が初めて死亡一時金の請求を認定し、4420万円の支払いを認めた。

ノンフィクション作家の山岡淳一郎さんがこの問題についてニュースソクラに寄稿した記事「ワクチン副反応死にやっと補償第一号～91歳死亡例が救済され、26歳が保留」が興味深いので紹介したい。

私は山岡さんとはデモクラシータイムスで何度かご一緒させていただいたが、厚労省べったりの医療報道を続けるテレビ新聞の記者とは一線を画し、医療の現場に精通しつつ医療行政を厳しく追及するジャーナリストだ。山岡さんは記事冒頭で「新型コロナ感染症の第7波が猛烈な勢いで感染者数を増やしている。若い世代への3回目のワクチン接種の必要性が叫ばれる一方、予防接種につきものの副反応の重篤な被害も少しずつ増えてきた」と指摘したうえ、「いくら安全なワクチンとはいえ、人の免疫は多様だから必ず、重い副反応が生じる例がある。社会防衛のために起きた被害は救済されなくてはならないだろう」と訴えている。

人間の身体は千差万別だ。ある人には効果のある薬やワクチンでも、ある人には健康に重大な悪影響を及ぼすことがある。医療の世界において「どんな人にも絶対に安全な投薬」というものはあり得ない。だからこそ、医師は本来、一人ひとりの身体の状況を診断したうえで、投薬やワクチン接種のメリットとリスクを十分に説明し、最終的には個人が自分の判断で決めるしかない。

ところが、コロナワクチンに関して政府（厚労省）や政府お抱えの専門家（尾身茂会長ら）は接種のリスクを十分に説明せず、老若男女に対してとにかく接種を推奨しまくった。厚労省や専門家べったりのテレビ新聞の医療記者たち（その多くは厚労省記者クラブ所属）は、厚労省や専門家の「国策ワクチン」の旗をともに振り、メリットばかりを強調し、リスクはほとんど触れず、それどころかリスクを指摘する意見を「陰謀論」としてひとくくりに片づけてきたのである。ワクチン接種は感染拡大防止には効果が少ないことは、私たちの身の回りで接種済の人が次々に感染していることでいまや誰もが知る常識だ。重症化を防ぐという政府やマスコミの触れ込みもいまやどこまで正しいのか説得力に欠ける。接種回数が1～2回の人は未接種者よりも感染や重症化のリスクが高いというデータや分析もあるくらいだ。

厚労省や専門家、マスコミは所詮、ひとりひとりの身体よりも、社会全体の利益のためならひとりひとりの多少の被害は止むを得ないという全体主義的な発想が強い。そしていったん前へ進むと、過ちを認めて責任追及されることを恐れ、不都合な事実をもみ消して推進し続けるのだ。だからこそリスクを十分に周知せず、横一列に接種させようとする。決して後戻りしようとしない。引き返せない。戦争と同じ論理である。政府は接種後の死亡例や健康被害については十分な調査をせず、マスコミもほとんど追及してこなかった。接種後に死亡した事例が相次いでいるのに政府やマスコミは「因果関係が確認されていない」という理由（「因果関係がない」と明言しているわけではないところがポイント！）で国民に接種後の死亡リスクを周知せず、いわば接種後の死亡が相次いでいる事実を「隠蔽」してきた。彼らの話を鵜呑みにしていたら知らないうちに自分の健康が脅かされる危険があると私は思う。

プロ野球・中日の現役投手が練習中に急死した直前にワクチンを接種していた事実を知りながら報じなかったマスコミについてはサメジマタイムズでも「練習中に倒れて死亡した中日・木下投手の『ワクチン接種』を報じない朝日新聞とＮＨＫ」で紹介したとおりである。

感染後の死亡リスクが高い高齢者らと死亡リスクが低い若者では、ワクチン接種のメリットとリスクはまったく違う。一人ひとりの身体の特徴にあわせて接種の有無を決めるのが医療・治療行為だ。国民を横一列に扱って片っ端から接種を勧めるのは科学的姿勢ではない。前代未聞の新型コロナが登場して得体が知れない時点ならまだしも、日本上陸から2年半以上たった今も「とにかく片っ端から接種を」と呼びかける政府やマスコミの姿勢は非科学的姿勢の極みといえ、医療・製薬利権が背景にあると疑われても仕方がないだろう。

このような科学・医療記者たちの振る舞いは、戦後日本において政府や原子力専門家とともに原発神話の旗を振ってきた新聞社の姿をほうふつさせる。福島原発事故で原発神話が崩れたのに、政府と一緒になって原発推進報道を展開してきた新聞社の責任を自己検証し、総括していないからこそ、コロナでも同じ過ちを繰り返すのだ。日本の科学・医療報道は国家や御用専門家に寄り添う傾向が極めて強く、その報道水準は国際的にも相当低いと断言できる。戦中に新聞社の社会部が軍部と一体化して「日本は勝っている」と大本営発表を垂れ流したのとまったく同じ構図である。

話を山岡さんの記事に戻そう。

政府が接種後の死亡例を「封印」してきたなか、7月25日にようやく「予防接種健康被害救済制度」に基づいて接種後に急性アレルギー反応と急性心筋梗塞を発症して亡くなった91歳の女性に死亡一時金4420万円などの支払いが認められた。女性には、脳虚血発作、高血圧症、心肥大の基礎疾患があり、ワクチン接種と死亡との因果関係が初めて認定されたのだ。記事によると、新型コロナワクチン接種後に死亡したとして、これまでに200件以上の死亡一時金の申請が出されているが、国が審査しているのはわずか9件にとどまっている。そのうち今回の1件が認定され、残り8件は保留のまま。山岡さんは「被害救済の光がさしたと言っても、まだほのかな灯にすぎない」と指摘している。死亡例だけでなく、副反応の後遺症を抱えて生きている人たちからの医療費・医療手当の請求などを含めると、これまでに約3700件の救済申請が政府に届いているという。このなかには26歳女性が保留されているケースも含まれている。

山岡さんは「一見すると、91歳への死亡一時金の支払いが認められ、26歳は保留というのはわかりにくい。働きざかりの若い世代への補償こそ、急がれるのではないか」と主張している。私もまったく同感だ。

私は、国策ワクチンの接種を推奨するばかりで、リスクを十分に伝えてこなかった政府・厚労省・専門家・マスコミをまったく信用していない。もちろん彼らのなかには良心的な人もいるだろうが、大勢は「これまでの国策推進は間違っていなかった」というために、ワクチン接種の死亡例を「極めて特殊な事情」として覆い隠そうとするだろう。

薬害に真実の光が注がれるのは長い歳月を経た後になることは、薬害をめぐる数多くの歴史が物語っている。その歴史を振り返ると、いまよりはマスコミ各社は薬害を訴える人々の声を「因果関係が確認できない」として切り捨てるのではなく、むしろ「政府は因果関係を検証し、あいまいな場合は広く認定すべきだ」と主張してきたように思う。ところが、昨今のマスコミは薬害を訴える人々に寄り添うのではなく、薬害の範囲を極力限定したい官僚や専門家と一体化する風潮が強い。それはジャーナリズムのとるべき立場ではない。国策として推進したワクチン接種による被害者の救済は徹底的に手厚く実施して当然だ。

いったい誰のための報道なのか。厚労省や専門家の御用記者たちにワクチン報道を任せていたら、いつまでたっても被害の回復は進まない。それほどまでに今のテレビ新聞の医療報道は地に落ちている。コロナ禍は医療報道の薄っぺらさを露呈させた。医療記者たちは自分たちが政府とともに国策ワクチンの旗を振った責任を問われたくないだけだ。所詮は自己保身なのである。

文中にある「中日木下投手死亡記事」については、同じサメジマタイムズの「マスコミ裏話」にコラムを書き、その結論部でこう書いた。この内容は、ジャーナリズムに関する「事実」とは何かということにも絡む内容である。私の朝日新聞記者27年の経験からして、「なぜワクチン接種の事実を記事に書かなかったのか」という問いに対する模範回答は「ワクチン接種と死亡の因果関係が確認できていない段階でワクチン接種の事実を書くと、ワクチンが原因であるという不確かな憶測を広げてしまうため」「ワクチン接種によって急死したというエビデンスがないため」というものだ。このように答える記者が目の前にいたら、決して信用しないほうがよい。

因果関係が立証されていない事実、エビデンスが十分でない事実を報じないというのなら、毎日の紙面に載っている政治記事や事件記事の大半は掲載できないことになろう。例えば、菅義偉首相が8月9日の記者会見で東京五輪について「開催国として責任を果たして無事に終えることができた」と述べたと報道各社は報じたが、「責任を果たした」「無事に終えた」のエビデンスはあるのか。バッハIOC会長の「五輪でウイルスが広がることはなかった」という発言も同様だ。

殺人事件が発生した時点の警察発表も、政局記事に散見される「~とみられる」「自民党関係者によると~」といった部分も、所詮は「一つの見方」に過ぎない。政府が国会で平然と虚偽答弁を繰り返し、政府発表も「エビデンスが不十分で信用できない」時代である。日々の新聞紙面は「因果関係が立証されていない事実」や「エビデンスが十分でない事実」の集合物なのだ。

新聞の役割は誰もが異論を唱えない事実や教科書に載っている事実を伝えることではない。因果関係やエビデンスが不確かな事実を含めて（国家権力や大企業が隠蔽している事実を含めて）、読者がこの社会で現在進行中で起きていることについて考察し、議論し、判断する材料（情報・分析）を公正な目で見極めて提供することである。今まさに起きている出来事を報じるのだからエビデンスが十分でないのは当たり前だし、それでも今まさに報じなければ現在進行中の出来事について世の中に問題提起することはできない。エビデンスが確立するまで報道を控えていたら、その間に為政者は既成事実を積み重ね、報道された時には時すでに遅し、すでに国民不在で政策決定が終了しているということになるだろう。

木下投手がワクチン接種を受けた後に倒れて死亡したという事実をマスコミが報道しなければ、読者はワクチンの是非について考え、議論し、判断する重要な材料を知る機会を気づかないまま奪われるのである。それが「公正な報道」といえるだろうか。球団は「家族の意向」を理由に死因について説明責任を果たしていない（実際に「家族の意向」を確認した報道機関がどれだけあるかは疑問だ）。朝日新聞もＮＨＫも球団発表を垂れ流しているだけなのだ。その記事だけしか知らない読者は「ワクチン接種が原因ではないか」という疑念を抱くことさえできないのである。球団が説明を回避するのなら「ワクチンを接種していた」という事実だけでも報じたうえで、粘り強く球団に説明責任を迫るのが本来のジャーナリズムのあり方だ。
朝日新聞やＮＨＫは「ワクチン接種」の事実を伏せて報じた。読者や視聴者に対する明らかな背信行為である。マスコミの隠蔽体質に対する不信感が、若い世代を中心にワクチン接種への疑念や不安を広げている最大の原因である。彼らは「ワクチン陰謀論」を厳しく批判するが、彼らの報道姿勢こそ「ワクチン陰謀論」を後押ししていることに気づかないのだろうか。

ここで書いてきたように、ジャーナリストの仕事と言うのは、上からこうすべきだというものではありません。各分野の専門家の情報はそれぞれの立場からのものでしかないので、多くの情報を整理して、個々の専門分野の考え方を一般市民に伝えた上で、最後に自分はこう思うという主張を展開するのがジャーナリズムの役割だと思います。例えば、一人一人が、ワクチン接種をするならそれを個人が接種する判断の助けになるようなことを報道しないといけないと思っています。

3・11東日本大震災の時に学んだことは、総合人生論としてのジャーナリズムということかもしれません。それぞれの分野の専門家は、本当の人生のプロではないですからね。もう一つの例えですが、現在ウクライナ戦争がおきています。もし、私がウクライナのジャーナリストだったらどうなのか。そこでも本当の意味でのジャーナリストの真価が問われると思います。ゼレンスキー大統領は、こう言っているけれども、自分はこう思うと。そこで、国民のみなさんにきちんとした選択肢が示すことができるか、ですね。政府の発表をそのまま垂れ流すのではなく、ということです。このようなジャーナリズムの責任を問わないのが現代日本の欠陥の一つだと思います。

第３章

政治における「政局」とは

政局について　民主主義と立憲主義

――では、次に「政局」というものについてお伺いしたいと思います。私はもともと政策理念が大事で、政局は単なる権力の椅子取りゲームの集積にすぎないと馬鹿にしていたんですが、鮫島さんにいろいろ教わって、政局と権力の関係について考え直したのですが。

鮫島　まず、政局って何か？ですが、第一に面白い！ということですよ。講演会でもよくお話するのですが、政局は政治の世界だけのことではない、人間が三人いれば、そこにかならず「政局」が発生します。単純に言うといわゆる多数派工作ですね。あるご家庭で、お父さんとお母さんと子どもがいて、なんらかの家族の決めごとをするとします。ここでは、どうしても多数派工作が必要になりますね。二人分の意見が組めば、そちらの勝ちです。

ここですこし「多数派」ということについて解説します。多数派にからむ政治思想といえば、もちろん民主主義ですが、もうひとつ立憲主義というのがあります。これは両方とも大切な車の両輪のような関係にあります。立憲主義とは何かというと憲法が大事ですよということです。憲法とは何かというと、どんなに一人ぼっちでも、最低限その人の人権は守られるということです。たとえ一億人の国民が全員、自分のことを嫌いで敵視しても、それでも、この一人の人の人権は憲法を防波堤として守られる。それは、多数決で決まることではありません。憲法によって守られるということ、それが立憲主義の本質です。

これに対して、一般的に民主主義は多数決で決めていくものです。もちろん多数者の合意形成をしなければなりませんから、一人でも多くの人を納得させるということは必要で大切なことです。そこで必要になってくるのは、どうしても多数派工作になります。より多くの人の意見をまとめ上げたやつが勝つということです。ただ、それだと多数の横暴とかいろいろ問題がおきるために、民主主義の悪いところを先程ご説明した立憲主義で補っているということはありますね。

政局について　多数派工作ということ

鮫島　この立憲主義をおさえた上で、あらためていうと、やはり民主主義は多数決だと思っています。先にお話しした、いわゆる多数派工作が本質にあります。多くの意見をまとめたやつが勝つわけです。だから、政局というのは、この多数派工作のゲームです。再度申し上げますが、この多数派工作ゲームは何も永田町だけではないです。町の自治会でもＰＴＡでもどこにでもありますね。そこで、この多数派工作の権力闘争のプロ政治家たちのやり口をよく見てみることです。そして、例えば、その解説を私がサメジマタイムズなどでしますから、そこから単に政治を楽しむだけではなく、みなさんの生活に使えるメリットがありますよ、ということです。その使える格好のドラマが目の前にあり、それこそが「政局」なわけです。みなさんの日常生活における様々な諸問題も、この「政局」的発想＝多数派を形成するという発想で解決できることが多々あるのではないかと思います。その意味で「政局」は面白く役に立ちます。これが私の政局論です。

政局について　人間性悪説に立つ

永田町で勝ち残った政治家というのは、そういう多数派工作ばっかりやって生き残った連中ばかりです。これは悪いやつらも含めてですが。ただし、この「悪（ワル）」というのが問題で、人間は勧善懲悪が好きだからウルトラマン的ヒーローものがうける。でも、現実はそんなものではないですよね。

自分自身をふりかえってても、悪いところがたくさんあるし、悪だくみすることもあるし、やましいところがたくさんあります。完璧な人間なんか一人もいません。そんな人間のダメさにむきあって、政治の世界をみるとき、これはもう性悪説に徹すべきだと。そして、それを非難するのではなく、その人の心の動きをみることが大切です。よく学校の先生が、子どもたちに向かって「人の気持ちを考えなさい」とかいいますでしょう。あれは正しいことだと思います。ただ、学校の先生が間違えているのは、学校の先生がイメージしている人というのは、「良い人」をイメージしているところです。世の中には、悪い人もいるし、同じ人間でも、良いところもあれば悪いところもある。むしろ悪いところが多いかもしれませんね(笑)。人より偉くなりたい、金を儲けたい、出世したい等々、欲望の塊みたいなものです。そういう人間の悪の部分まで含めて、相手の気持ちを読んでいくことが面白いし、大事なことなんです。この心の中をよんでいくのが「政局」の醍醐味です。こうしてみていくと選挙報道も2倍3倍と楽しめる。

それで、政策との関係で言うと、政策というのは学者の机上の理屈ではありませんから、政策は実現させないといけないわけですね。もちろん、ベースにあるのは政局に勝ったやつが、それを実現するということがありますが、具体的にもっと面白いのは、政策が頭にあって、それを政局の勝者が実現するのではなくて、政局の押し合いへし合いのなかから政策が生み出されてくるというダイナミズムがあります。例えば、今度の岸田政権の所得税減税4万円に決まったというのも、ああいうのは、すべて権力闘争の政局からくる「押し合いへしあいのもみあい＝足し算引き算の結果」だということです。つまり、ひとりの人間が編み出したものは政策ではありません。これでは政局を考えない政策論というのは空理空論の学者の机上の論理になってしまいます。政策の結果は、最初は分かりません。政局闘争の中から、ようやくみえてくる。このことを、なんだか汚らしい権力闘争というようにとらえる方もいらっしゃるかもしれませんが、私は、それこそが民主主義ではないかと思っています。

政局について　政治はどんくさくてかっこ悪いほうがいい

何度も申し上げますが、いろんな意見があって最終的には合意形成していくというところが、政治の一番大切なところです。多くの人々が納得する形でないといけません。そうなると理想の１００点満点の最先端理論の政治は、ちょっと危なっかしく思ってしまいます。むしろ政治というのは、二三歩後ろのやや時代遅れを行くぐらいが良いと考えています。そうしないと、現実政治から取り残されちゃう人がたくさんでてしまう。経済分野は、最先端の時代のトップをすすんで新技術・新システムを開発し、それで大成功する人がいても良いのです。そういう人はみんなで賞賛してあげればいいわけで、政治が救う対象ではありません。問題は、そういう成功した人ではなくて、時代に取り残されて負けちゃった人たちを政治が救う義務があるわけです。まさに、誰一人取り残されない政治ですよ。

経済界を代表する経営者とかファッションとか芸能界とか、新しい生き方を提案する思想家とかそういう人たちがいてもいいけれども、そういう人たちが政治をやると危ないと思うのです。政治というのは、時代の最先端ではなくて、大衆の最後尾からついていって、時代から取り残されそうな人々も含めて合意形成をする、政治はどんくさくってかっこ悪い存在のほうがいい。

みんなを先頭にたって引っ張るのが政治の本質ではありません。そうして取り残されそうな人々も含めてすべての人々の合意形成するなかで、1番から10番まで順番をつけたとすると、6番か7番ぐらいのところでバランスをとってやるべきです。このバランスの役目がそれこそ「政局」で、政治において先に走り出した人の足をひっぱって当然なんです。政局の本質的意味は、そういう政治のバランス効果にあるとは思うのですが、そのあたりの分析は政治学者はやらないようですね。

ただ、どうしても、最後尾の9番とか10番目の人は取り残されてしまうかもしれない。

なので、そこは、先ほどもお話した立憲主義の出番で、憲法の役割が重要です。日本国憲法13条にある「すべて国民は、個人として尊重される。生命、自由及び幸福追求に対する国民の権利については、公共の福祉に反しない限り、立法その他の国政の上で、最大の尊重を必要とする」ということになります。こうして、政治で支えるところと最後は憲法での支えということで二重の安全網をつくっていくことだと思います。この課題は、ジャーナリズムも同じなんです。ちょっと乗り遅れた大衆に軸足を置く。もちろん最先端分野をカバーするジャーナリズムもあっていいですが、政治ジャーナリズムは、そうではないです。

政局記者はいるが政治記者はいないか？

――ところで、政治記者に対する悪口のなかで、日本には政局記者はいるが政治記者はいないという批判がありますが、それに対しては、どう思われますか？

鮫島　その政局記者というのは、自民党の派閥全盛期に派閥の親分と一体化して、他の派閥の番記者と言い争っていた政治記者たちのイメージですね。政局記者と批判されても、取材対象の政治家の思惑などを暴き出して権力闘争の先を見抜くというのであれば、そのありかたは私はいいと思います。そこにプライドをもって仕事をすればいい。しかし、政治家にペコペコして、取材対象の政治家と一体化して政治記者そのものが政治のプレーヤーになっていくのはだめですね。本当の「政局記者」というのは、政治家から距離をおいて政治家が一体何をたくらんで、今後どのように動くのかを先読みすることが求められます。そういう意味では、「政局」はなんといっても大切な要素なんです。政治家にだまされないための政局の見通しは絶対必要なことです。

私から言わせるとジャーナリズムの数々の取材のなかには、調査報道も事件報道もありますが、一番難しいのが「政局報道」です。どうして難しいかというと、客観的な資料や公式証言がない中で、政治家の本音をえぐり出すことが求められるから。政治家は絶対に本音を明かしません。本当のことを言わない政治家から、あるいは、「本当の」思惑を分析して、自らの責任で書く作業が政治記者の仕事となります。そういう意味では、政治外交などをかっこよく書くのが政治記者ではないのです。政局記者と悪口をいわれても政治の先の先読みをしていく、そういう政局記者が少なすぎます。

政局報道は当てないとダメ

――政治記者に求められるのは、エンパシー能力（人の立場にたって考える）ということでしょうか。

鮫島　それから、もうひとつ。政治記者に大切なのは、自分自身のことも理解できてないとだめですね。それは、こういう例えがいいかもしれません。私が政治部デスクで政局担当だとします。そして自分自身が明日ハワイ旅行の予定が入っているという状況になっている。その前日に、部下の記者から「鮫島デスク、明日衆議院解散です」と言ってきたら、とっさに「そんなことはないだろう」と判断してしまう。自分がハワイ旅行に行くことを楽しみにしていると正しく情報を判断できないですね。だから、まず、入ってきた情報分析するときに自分自身がフェアに情報判断できる立場にあるのか、と自己分析することが重要になります。自分が落ち込んでいたり、嫌な気持ちをかかえているとか、そういうときは的確な判断ができないときがあります。まずは己を理解することです。そして、それと同じように相手を理解するわけです。ここで新聞報道の現場では、一段の難しさが潜んでいます。それは、現場記者がまず自分が聞いたことを「信用」してそのことを優先してしまい、そこに信用性の高さの基準をおくことになってしまう。しかし、その自分自身が人から聞いた話というのは間違っている可能性も高いわけです。ですから、自分が直接聞いた情報と他の人たちから集めた情報をフェアに分析できるかどうかがカギです。つまり、その担当記者と取材対象の政治家とはどのような関係にあるのか、また、私自身とその記者との関係も大切です。こういう一つ一つの関係性を追いながら情報分析していくという作業がプロの仕事です。

新聞社のデスクをやると部下が40人から50人ぐらいいます。そして、その50人の部下から毎日毎日あらゆる情報が集まってきます。取材メモを見たり、ヒアリングするときもあります。そんな中で、この記者はだまされているなというのは私が判断するとわかります。また、総理や官房長官などの政治家がうそ言っているな、とか、記者取材と政治家の発言を見比べながら情報分析していきます。こうやって全体を見ながら情報をろ過して抽出して、このあたりが今のところの正しい事実だろうと認定しながらやっていきます。いわゆる話を聞いて取材するところはプロの仕事ではありません。そういうことは誰でもできます。先程も言いましたが、取材で話されたことはほとんどうそですから。そのうそを言わせるために逆に取材させてきたともいえるわけで、うそと事実の間の矛盾の構図を作りながらみていきます。その構図が描ければほぼ政局を理解したに等しいです。この構図から、次におきていく政局をよんでいきます。これは、理屈じゃないのです。政局報道で一番大事なのは「当てなきゃ」だめです。例えていうと株価の予測と同じで、政局の予測を外してはダメです。だから、私ははっきりと「予測」することにしています。もちろん、その予測が外れるときはあります。それは、「申し訳ないです」と謝るしかないんですが、この「予測」に意味があります。そして、この予測に基づく政治報道には、三つの重要なポイントがある。

それは、What　Why　Next　です（P42のCOLUMN3も参照）。Whatは、「何がおきたのか」Whyは「なぜおきたのか」そしてNextはこれまでの二点をもとに分析して次におきることを予測することです。こうして「次」におきることを当てることによって報道が完成して信頼を得ていくわけです。方法は、これしかありません。ここが面白いところで、アカデミズムのなかで分析しても予想がはずれたのでは、ダメなんですね。

政治家にだまされない力

――その予想力みたいなものは、どうやって身に着けたんですか？

鮫島　まあ、自分が特殊な能力を有しているとかそういうことではなくて、情報分析とか取材力の根底にあるのは、人生の歩みが表面的なものではないということかもしれませんね。多くの人にだまされたりいろんな挫折してみたりとかそういう嫌な経験・痛い目に合う経験というのでしょうか。

だまされるということでは、一般の方は、だまされることがあっても仕方がないですが、新聞記者はそれではとんでもないことになります。経験不足で能力が足りませんでしたでは、読者をだますことになってしまいます。そこは許されないので鍛錬をつまないといけません。私が番記者で担当していた自民党の古賀誠さんによく言われたのは、「鮫島さん、何度もだまされなさい」ということでしたが、それは本当だと思います。そういう意味では、自民党の悪徳政治家たちから多くを学んだということかもしれないですね（笑）。

――そうだとしますと、朝日新聞の記者さんなんか、華麗な経歴のぴかぴかのエリートさんが多いじゃないですか？ そういう人たちはどう評価しますか。

鮫島　そういう華麗な経歴の人もいていいんですよ。私のような政治記者ばかりだと新聞社全体としては、おかしくなってしまうかもしれない。だから、専門部局における記者は、必要ではあります。ただし、その専門部局内で、一定数の専門にだまされない記者が必要なんです。科学や医学、経済分野で、それぞれ科学者や医者にだまされない、経済なら財務省にだまされない記者がどうしても必要になります。私はたまたま政局やっていますから政治家にはだまされないと思っていますが、同じように医者・経済官僚・日銀マン・経営者にそれぞれだまされない気骨のある記者が確保できれば、その新聞社は「強い」ということになるわけです。

ただ、ここは難しいのは、人間誰でも人に嫌われたくないですから、どうしても取材対象に好かれたい、評価されたいと思ってしまう傾向があります。そこで取材対象に取り込まれる。私の経験では、取材対象から永遠に口を利かれなくてもかまわない、という割り切りがいりますね。NHKの政治記者だった岩田明子さんは、安倍さんばかりを担当していましたから、安倍さんがお亡くなりになると、NHK政治部には居場所がなくなって独立されたのではないでしょうか。そういう点でいえば、私は、ラッキー?なことに上司ににらまれていろいろ担当を変えさせられたために、誰に嫌われてもいいんですね。菅直人さんから竹中平蔵さん、そして古賀誠さんと転々とするわけです。党派を超えていろんな政治家と知り合いになりましたから、別に嫌われても問題ないです。こういう割り切りがないと政治記者は無理です。どうしてか、それは、政治家という人たちは人たらしが仕事なんです。人たらしというのは言葉がきれいで、もっと言うと、どうやれば人間を屈服させられるかのプロです。そのためには、下からへりくだって下手からいくよりも上からガチャンと押し付けた方が、人間は言うことを聞くことが多い、ということを大物政治家はみんな知っていますね。

「説明責任」という欺瞞

――ところで、鮫島さんは、常々、政治の世界で使われる「説明責任」という言葉が嫌いだと発言しておられますが、どうしてなのか理由を教えていただけますか。

鮫島　日本で「説明責任」という言葉は、英語の「アカウンタビリティー」の訳語として使われています。でも、この二つの言葉の意味合いはまったく違うんですね。欧米のアカウンタビリティーは、政治家は自らの向けられた有権者の疑念を晴らすために説明を尽くし、その結果として疑念を払拭できなければ役職から退くことでケジメをつけるという文脈で使われています。疑惑を晴らす立証責任は政治家にあり、それができない場合は結果責任を免れないという意味です。ところが、日本ではまったく曲解されていて、政治家は疑惑について公の場で自分なりの説明を一方的に発信すれば、多くの有権者の納得を得られなくてもそれで許されるという「政治家の言い逃れの手段」として「説明責任」という言葉が使われているのが現状です。これではまったく意味がありません。

さらに深刻なのは、「説明責任を果たすことが政治家の最大の役割」と理解されていることです。政治は本来、結果がすべてなんです。いくら説明責任を果たしたところで戦争が勃発したり、国民生活が困窮したりしたら、まったくダメです。逆に説明不足があったとしても、戦争が回避されたり、国民生活が大幅に向上すれば、政治的責任は軽減されるというのが現実でしょう。

もう一度繰り返して申し上げましょう。政治家は何よりも「結果に責任を負う」ことが求められます。どんなに誠実で清廉な政治家でも、戦争を招いたり、国民生活を破綻させれば、為政者としては失格で重大な政治責任が発生します。「説明を果たすこと」で「結果責任」から免れるという政治家の免罪符として「説明責任」という言葉が使われている風潮に、私はとても大きな違和感を覚えています。

第４章

政党について考える

自由民主党とは何か

——さて、ちょっと話題を変えて、ずばりお聞きしますが、鮫島さんにとって「自由民主党」とはどんな存在ですか？

鮫島　まず言いたいのは、自民党は「強い」ですよ。よく自民党は日本の世論を反映していないという人がいますが、私は逆で、自民党こそ日本の世論だと思いますね。ただ、最近の自民党は弱くはなりました。自民党がその強さの頂点にあったときを考えると、やはり中選挙区制時代なのです。それは、自民党が「派閥政党」だった時代といってよいでしょう。中選挙区制時代の5人区でいうと、おおよそ自民3人、社会党1人、公明党1人みたいなイメージになります。それで、その3人の自民党といえば、全員現職ですね。そこで自民党から国会議員になろうとすると、社会党と公明党のところに割り込むのは、両党とも組織票が固いですから無理です。そうなると自民党の現職3人のなかに、無所属で割り込んで、現職を蹴落とし落選させて入り込むしかなくなります。それで、すでにその3人は、それぞれ別の派閥に所属しています。ですから、その3人の所属する派閥以外の第四派閥にお世話になるわけですが、「公認」はもらえません。だから無所属で現職自民党議員を一人蹴落として当選してはじめてあとから追加公認で自民党に入ることができるんですよ。このことは、昔からの自民党の鉄則なんです。そして、ここに自民党の力の源泉がありました。まずは、選挙に自力で勝ち上がって這い上がってこい、そうしたら、本日より「公認」してやるという構造です。これは何を意味しているか。それは、自民党議員というのは、自党の幹事長や総裁というお偉方よりも、有権者を大切にするようになります。それは当然です、選挙に勝たないと何も始まりませんから。一時、当選して勝っても次の選挙で他の候補に蹴落とされて新たにでてくる新人に負けてしまうので、とにかく、自分の政党の幹部よりも選挙区の有権者を第一に考えるようになる。これこそ、先に申し上げた自民党の力の源泉なのです。選挙民を把握する「強さ」です。

自由民主党とは何か　「国対政治」の本質と変遷

――私のような素人からすると、よくマスコミでいわれる「国対政治」(国会対策委員長政治)で決まってくる政治というのがよく分からないのですが、その実態はどんなものなんですか?

鮫島　そのご質問については、中選挙区制時代を野党との関係で再度振り返ってみるところから考えましょう。

「国対政治」の全盛期は、自民党が万年与党、社会党が万年野党と呼ばれた55年体制下でした。

もう一度、ご説明が重なる部分がありますが、当時の衆院選は中選挙区制です。先程申し上げたように、定数5の選挙区では自民党が3、社会党が1、公明党が1の議席を指定席として獲得するケースが多々ありました。自民党の候補者たちは同じ選挙区で激しく戦います。現職の3人は自民党から公認されますが、新人は公認を得られず、無所属で出馬して現職に挑み、自力で現職を倒して3議席のうちの一つを奪い取るしかありません。そこで現職３人が所属する派閥とは別の派閥から支援を受け、当選した後に自民党に追加公認されるのです。このため、自民党には必ず四つ以上の派閥が存在してきたのです。中選挙区制度が、派閥政治を助長してきたと言えるでしょう。

かつての自民党の大物の多くは、このように無所属の立場で自民党現職を蹴落とし、自力で初当選を勝ち取ったのでした。この結果、自民党の公認権を握る総裁や幹事長にペコペコするよりも、仮に党公認を得られなくても自らを当選させてくれる選挙区の有権者を大切にする傾向が強かった。

ところが、社会党は定数5の選挙区に現職一人しか擁立してきませんでした。新人を擁立すると現職が落選する恐れがあるため、現職の当選を確実にするために候補者擁立を制限してきたのです。この結果、社会党の候補者が全員当選しても、衆院全体では過半数に達しないという状況が生まれました。

つまり当時の野党第一党である社会党は、衆院選がはじまる前から、単独で過半数を制して政権を奪取するつもりがなかったのです。私たち有権者にしてみれば、最初から政権交代が起きる可能性のない衆院選に投票させられていたわけです。つまり、中選挙区制度は、自民党の派閥同士が政権を奪い合う仕組みだったのです。

では、社会党は自分たちが掲げる政策を実現するつもりがなかったのかというと、そうではありません。衆院選に勝利して政権を獲得して政策を実現するのではなく、衆院選では野党第一党の座をキープして、あとは国会の場で与党第一党の自民党と裏取引することで、自分たちが掲げる政策をのませるという政治手法で政策実現を目指したのでした。

当時の社会党が最も重視していたのは、公務員の賃上げです。自治労や日教組など支持団体の要求に応え、選挙基盤を維持するためには、公務員の賃上げはとても重要でした。国会の場で、自民党に公務員の賃上げを要求します。けれども、自民党は簡単には認めてくれません。

そこで、自民党が国会に提出する予算案や外交・安全保障をめぐる重要法案などに強く反対し、審議日程をめぐって徹底抗戦します。「審議拒否」を重ねて世論にアピールし、「強行採決反対」と訴えます。自民党としては世論の後押しがあれば社会党の主張を無視して強行採決すればいいのですが、世論が社会党に味方した場合、それを振り切って強行採決するのは避けたいわけです。

ここで登場するのが、自民党と社会党の国会対策委員長です。どの法案をいつ採決するか、というような国会の運営は、与党第一党と野党第一党の国対委員長が水面下で協議して決めます。この場で、自民党の国対委員長は、社会党の国対委員長に対し「公務員の賃上げを受け入れるから、予算案や法案の採決に応じてくれないか」と裏取引を持ちかけるわけです。社会党の国対委員長はそれを受け入れ、予算案や法案には反対するものの採決には応じ、その代わりに公務員の賃上げを約束させるのです。これが「国対政治」です。

自民党は野党に転落した後、1994年に社会党の村山富市氏を首相に担ぐ「奇策」で自社さ連立政権を誕生させ政権復帰しました。村山さんは社会党では左派と言われましたが、それ以上に、国対族だったのです。つまり、自民党の長年、国対政治を通じて裏取引をしてきた中心人物でした。国対政治を通じて自民党との間に強い「信頼関係」が構築されていたため、村山さんは首相に担がれたといっても過言ではありません。

中選挙区制度が廃止され小選挙区制度が導入された後、社会党は消滅し自民党と民主党が政権をかけて選挙で激突する二大政党政治の時代に突入します。自民党の派閥の力は弱まり、与野党が国会で裏取引する「国対政治」も鳴りをひそめ、野党が与党を徹底追及する「ガチンコ国会」がはじまりました。2009年には民主党が衆院選で単独過半数を獲得し、ついに政権交代を選挙で実現しました。

ところが、民主党政権は3年余で瓦解し、自民党が政権に復帰した後、野党はバラバラになってここ数年は政権交代の機運はまったくありません。こうなると国対政治が復活してきます。野党は衆院選で過半数をとって政権を奪取して政策を実現することをあきらめ、国会の場で自民党に政策をのませる「国対政治」に逆戻りしつつといえるでしょう。

自由民主党とは何か　小選挙区制になって変わったところ

鮫島　さて、中選挙区が小選挙区制に変わってA党かB党かの二者択一になったときに、地方に行くとよくわかりますが、自民党公認を得られれば当選しちゃうんです。仮に落選しても比例区復活当選できてしまう。そうなると有権者に多少嫌われても、それよりも「自民党公認」をとることが最優先課題になります。その公認権を握っているのは、自民党総裁と幹事長ですから、そこに立候補者はペコペコすることになります。これが、いわゆる自民党がサラリーマン化してしまったということです。このことを考えた上で現状をみると、現在、中選挙区制時代を知っている現役議員は減ってきています。岸田首相の初当選が93年ですから総理大臣クラスが中選挙区制最後の世代なんですね。やはり中選挙区制を生き抜いてきた連中というのは、いろいろ問題はかかえていますが、たくましいです。中選挙区制での闘い方を熟知しています。党内の幹事長の公認をもらえばいい的な人たちと政治に対する向き合い方が全然違うわけです。これは後でふれると思いますが、旧民主党化した自民党ということになると思います。そういう意味で自民党は弱体化しています。あっという間に倒れそうな感じです。ひとりひとりの人間力がないです。先にもお話しした自民党元幹事長の古賀誠さんは、よく言ってました「鮫島さん、人殺しさえしなければ、なんでもやって当選するぐらいじゃないとだめだと」。

古賀さんの九州の選挙区はだいぶ研究しましたが、各市町村に誠会、乙女会、自民党女性支部という三つの女性団体があって、古賀さんは、毎週末、各市町村三つずつある女性団体のなかで一番党員を増やしたところへ講演に行くんです。どこも「誠先生」にきてもらいたいから必死です。その三つをすべての市町村で張り合わせるわけです。そのぐらい有権者をぐっと引き付ける人間的魅力がないとだめですね。

明石の前市長の泉房穂さんにその話をしたら、「うちじゃ、房穂が人殺ししても応援するといってくれますがね（笑）」、つまり、リベラルの泉さんのイメージがありますが、明石に行くとわかりますが、土着の泉さんの強烈な支持者がいます。そこが泉さんの強さと本質だと思います。

民主党とは何だったか

――では、次に　旧民主党の評価ってどうですか？

鮫島　旧民主党というのは、二大政党制の小選挙区制だからこそ存在した政党だったと思います。小選挙区制が始まったときは、自民党VS新進党すなわち小沢一郎さんとの対決でした。それがたまたまこけたところに民主党が入っていっただけともいえます。菅直人さんに聞くと、1996年の最初の小選挙区制度が始まった選挙で、民主党は第三極だった。ちょうど、今の維新（日本維新の会）の立ち位置に近いです。その三極というのが普通は勝ち残るのは無理なんだけれども、そこに奇跡が起きたというわけです。それで、菅直人さんが、「どうしてそうなったかわかるか」と聞くんですが、私が「どうしてですか」と聞いたら、それは鳩山の金とオレの人気があったからだ（笑）と言ってました。そういうこと言うから菅さんは嫌われちゃうんですが（笑）、そのくらいのよほどのことがないと第三極は生き残れないわけです。

その生き残った民主党というのは、二大政党政治において自民党に対抗する勢力。右も左も自民党に行き場がない人たちはこっちにきなさいという「寄り合い所帯」なわけで、それで良かったんだと思います。民主党というプロジェクトは、無理やり反自民の人たちを束ねて、それで政権交代を実現させるということで二者択一を有権者にせまる。そして、自民党も民主党も嫌いだけれど、自民党よりは民主党のほうが、ややましだから一回政権をとらせてみようというものだったのです。当然、寄り合い所帯になりますが、政権交代がおきて様々な弊害はあるにせよ「緊張感」は増すということです。政権交代がないから、いつまでも官僚も経済界も裁判官も自民党ばかりの顔色をみていてダイナミックに動かない。

例えば、アメリカをみるとトランプ政権時代があっても、いずれはトランプも倒れるだろうということで、裁判官も堂々とトランプを批判して厳しい判決を出す。役人の異論や反論もどんどん証言としてでてくるという具合ですが、日本ではそういうことが起きないです。森友事件、公文書改ざんとあっても自民党は永久政権で、自民党にすがっていないと生きていけないと思うから、自民党に否定的な証言なんかもでてこないわけです。ですから、ここはみんなの「正義」にたよるのではなくて、制度的に政権交代がドンドンおきるようにしたほうがいいということです。

いま、現政権を批判して自らの地位が切られてしまっても政権交代があれば復活できる、また逆に、ここで自民党の隠蔽政策に手をかせば政権交代によって自分が批判されてしまう。こういう政治の緊張感をもたらすためにいろんな弊害はあるかもしれないが、二大政党政治で政権交代を無理やりおこしていこうというのが、小選挙区制の本質的意味なわけです。それで、その小選挙区制の副産物で台頭してきたのが、たまたま旧民主党だったということです。政権交代リアリズムを高めることに存在意義があるというのが、私の民主党観ですね。もちろん批判があるのはよくわかります。けっきょく自民党と同じじゃないかとか、寄り合い所帯ではないか、とかですが、それでもいいじゃないかという考え方が二大政党政治を見る私の根底にはあります。

政権交代の意味はあるのか

——すこし、そこを深めたいと思います。「政権交代」というのが戦後政治のなかで「自己目的化」してきたのではないかという疑問があるんですがいかがですか。例えば、小沢一郎さんが政権交代をご自身の生涯の目的とされていて、そうなると小沢さんの具体的政策というのがかえって見えなくなるようにも思いますが。特に民主党に限って議論すると一般国民からすると「政権交代」意味ないじゃん！という具合にならないでしょょうか。あまりに民主党ショックが大きかったということもからみますが。

鮫島　それに関しては、論点が二つあると思います。政権交代が自己目的化するというのは、現在の小選挙区制を認める限り政権交代は自己目的化します。先程も話題になった「政局と政策」の考え方と似ていますが、私は政権交代が自己目的化することを全否定する気はないんです。それは、どうしてかというと、政権交代は起きた方が起きないよりもいいですよね、という感覚です。政権交代が起きた結果、いろんなことがおきるわけです。不十分なこともある、しかし、変わることもあるはずで、変わらないよりはマシということ。これは私の持論です、政治は「よりまし論」だから。再度、申し上げますが、以上の意味で「政権交代論」は自己目的化してもやむを得ないということです。

もし、政権交代自己目的化が嫌ならば、「二大政党政治」自体がダメなんです。さて、ここからは重要な論点なので具体例を挙げて説明します。

それは、２０１７年の希望の党の旗揚げのときです。あのとき前原誠司さんが小池百合子さんと組んで、民進党が希望の党への合流を決断しましたよね。これは、政策を棚上げにしたとんでもないことだと批判する人がいますが、現在の選挙制度を前提にすると正しい行動だと思います。自民党を倒すためには、それぞれがバラバラで闘っても勝てないから、一緒になってでも自民党を倒そうと。小池さんが総理候補として都知事をやめて出馬していたら選挙に勝った可能性がある。まさに政権交代リアリズムは高まりました。二大政党政治を是とするならば、あのときの前原さんの判断は正しいと思います。しかし、世の中は、それに対してノーだったですよね。ノーだって言うことは、無理やり二者択一で政権交代をおこさせる二大政党政治は、時代に合っていないということになると考えるわけです。現在はご存じのとおり、ネット世論があって、ネットのない時代のように情報が相対的に少ない時代ならいいかもしれませんが、この多様なデジタル情報化社会のなかで、二大政党制は、国民のニーズ、国民感覚と合わなくなっているというのが回答になるでしょう。大政党のもっている政治イメージと国民意識が乖離しすぎちゃってるわけです。これは、二大政党政治の限界です。

小沢一郎さんが暗躍した1990年代は、それでよかったでしょうが、時を経て20〜30年近くたって、いまさら二大政党制に戻るのは不可能です。その象徴が希望の党事件だといえます。こうなると、現在の国民のニーズを認めて、それに合った制度を考えないとだめです。しかし、現実は小選挙区制ですが、国民のニーズを認めないわけにはいきませんから、どうやって、現在の制度にそれらのニーズを引き込んでいくのかがプロの政治家の仕事となります。そして、それは政治ジャーナリズムの仕事でもあるわけです。

民主党政権はなぜ失敗したか

――ところで、では、民主党の失敗はどこに原因があり、なぜだめだったんでしょうか?

鮫島　民主党政権の失敗は、なぜかというと、私は、やはり財務省にやられてしまったと思います。菅VS小沢の内紛権力闘争につけこまれて、小沢を蹴落とすことで消費税増税の菅側を使うという財務省の図式に乗っかってしまった、民主党内権力闘争を利用されたということですね。民主党は官僚を使いこなせなかったから失敗したという総括をしていますが、あれは間違いです。官僚にしてやられたから失敗したのです。民主党が当初のマニフェスト通りに、ポリティカルアポインティ（政治任用制度）で、すべての局長たちに辞表を出させてすべての官僚を入れ替えるといっていたわけですから、それをきちんと実行していれば国民の期待を裏切ることはなかったと思います。むしろ、民主党を恐れた官僚たちが民主党の党内闘争を利用して分断を画策して自分たちの方に取り込んだ、という総括をすべきなんです。そういうことをしないまま、やっているのが立憲民主党であるわけで、それでは「浮上」できないんですよ。何で失敗したかの総括の仕方が間違っています。

二大政党制から多党制へ　そして上級国民ＶＳ一般大衆へ

――政権交代を考える際に、戦後政治の二大ポイントがあると思います。ひとつは、対米従属構造ということ、それともうひとつは、財政問題で財務省権力の問題ですね。森永卓郎さんではないですが、ザイム真理教の官僚たちは巧妙ですから。政治家は負け続けていますね。そんながんじがらめの状態のなかで、鮫島さんが「多党制」を提案されていました。次の文章をご紹介します。

COLUMN 6

「野党全勝」で浮かれる事なかれ。肝心の投票率が上がってません！（多党制という提言）

菅政権初の国政選挙は野党全勝に終わり、野党は今秋までに行われる解散総選挙にむけて勢いづいている。

一議席をめぐって与野党が激突する小選挙区制において、野党が候補者を一本化したことを勝因とする分析が多い。これ自体は間違いではない。だが、より正確にいうと「候補者の一本化」は野党勝利のための必要条件であって、十分条件ではない。今回の選挙で気になるのは非常に低い投票率だった。衆院北海道2区補選は30・46％、参院長野選挙区補選は44・40％、参院広島選挙区再選挙は33・61％。私は「野党全勝」よりも「低投票率」が最大のニュースであったと思っている。

3つの選挙はいずれも野党優位が予想された。北海道と広島は「政治とカネ」のスキャンダルで与党現職が国会を去ったことに伴う選挙だったし、長野は野党現職がコロナで急逝したことに伴う選挙。いずれも野党優位の特殊事情を抱える選挙だった。とりわけ北海道と広島の投票率が3割そこそこにとどまったのは、与党支持者が投票所に足を運ばないことで「政治とカネ」への抗議の意思を示したといえるだろう。その意味で今回は「野党の不戦勝」といえるかもしれない。

日本社会は「右3割・左2割・無関心5割」で、無関心が棄権して投票率が5割にとどまれば与党が野党に「3対2」で勝ち続ける――私はそうした選挙分析を『新聞記者やめます。あと56日!』で示した。実際、安倍政権の国政選挙6連勝はいずれも投票率が50%そこそこだった。与野党は得票数では「3対2」で競り合っても、一人しか当選しない小選挙区で与党が地滑り的に勝利し、圧倒的な議席を獲得するという選挙を6回も繰り返してきたのだった。野党がバラバラでは小選挙区制では勝てない。候補者一本化は勝利のための「必要条件」である。ただし、一本化するだけでは「左2割」を固めるだけで、「右3割」を固める与党にはいつまでたっても勝てない。「無関心の5割」に食い込んで投票所へ足を運んでもらい、投票率を大幅に引き上げない限り、政権交代は起きないのだ。実際、2009年総選挙で民主党への政権交代が実現した時は、投票率が7割近くに跳ね上がった。ざっくりいうと、民主党政権への期待感から「無関心5」のうち「2」が投票所へ向かって野党に一票を投じ、結果として「3対4（左2＋無2）」で野党が逆転したのである。

繰り返すが、今回の3つの選挙は「与党の不戦敗」である。本番の総選挙で投票率が3割にとどまる可能性はない。「右3割」はさすがに総選挙には投票に行くからだ。野党は今回の「3戦全勝」に浮かれていては、安倍政権下の6連敗と同じ轍を踏むだろう。投票率が5割そこそこに伸び悩み、「3対2」で敗れるのだ。それは「善戦」でも「惜敗」でもない。負けるべくして負けるということだ。

では、投票率を2009年同様、50％から70％へ、20％引き上げるにはどうしたらよいのか。野党第一党の立憲民主党は「大きな塊」をつくることで政権交代への期待を高めて無関心層にリーチするという戦略を進めてきた。これは2009年と同じである。当時は菅直人氏が率いる民主党と小沢一郎氏が率いる自由党が合流して「大きな塊」をつくることで政権交代の機運を高めることに成功したのだった。

しかし民主党政権はその菅氏と小沢氏の内部闘争で瓦解し、たった3年あまりで終焉した。国民の失望感はあまりに大きく、その後の安倍政権は「民主党の悪夢」と叫ぶだけで国政選挙6連勝を果たしたようなものだった。そうした世論に目をつぶり、単に「大きな塊」をつくるだけでは、野党への期待感は高まらず、投票率は伸び悩み、結局は「3対2」で敗れると私は思う。現に今の野党はその道をたどっているようにしか見えない。

なぜ投票率があがらないのか。私は「与党か野党か」の二者択一に根本的な原因があると思っている。「自民党は腐敗してダメだが、立憲民主党も嫌だ」という人々の票の行き場がないのだ。誰もが自由に発信して個性豊かな情報が氾濫するデジタル時代が到来し、人々の興味関心や感性がますます多様化するなかで、選挙だけが「二者択一」というのは時代遅れの気がしてならない。「そうはいっても小選挙区制である以上、二者択一にするしかないですよ」と多くの野党政治家から言われてきた。私もかつてはそう思っていた。選挙制度はすぐには変えられないという現実は百も承知だ。そのうえで、あえて問題提起したい。

選挙制度にあわせて有権者に「商品（＝投票先）」を提示するのは、生産者の論理でしかない。「苦労して候補者を一本化したのだから、与党か野党か消去法でどちらから選べ」というだけでは、投票率はいつまでも5割そこそこでとどまるだろう。ここは「消費者目線」が不可欠だ。興味関心が多様になった有権者の立場に立って、個性豊かな数多くの「商品（＝投票先）」を提示し、その中から自由に選べるように工夫を凝らしながら、二者択一の小選挙区制で勝つ方策を探るのが「政治のプロ」ではないか。

その難解な鍵を解くキーワードは、私は「多党制」であると思っている。小選挙区と比例代表を組み合わせた現在の選挙制度を逆利用するのだ。有権者は、自らが当事者意識を持てるテーマ、自らの暮らしに切実にかかわるテーマ、自らのこだわりのテーマのためなら、風雨のなかでも投票所に足を運ぶだろう。消去法で選ぶ「二者択一」では何がなんでも投票に行くという意欲がわいてこないのだ。そこで野党陣営をテーマを絞り込んだ「年金党」「介護党」「子育て党」「非正規労働党」「シングルマザー党」「夫婦別姓党」「緑の党」「疑惑追及党」……というように分割するのである。そのなかに「沖縄」や「福島」の地域政党があってもいい。共産党や社民党も当然含まれよう。そして、それぞれの政党がそれぞれの現場（社会福祉、非正規労働、環境活動…）で地道に活動してきた「当事者」を候補者として擁立するのである。官僚出身や政治家二世などジェネラリストのエリート候補者やいかにも人気取りの芸能人候補者はもういらない。そして、それらの多数党が「貧富の格差是正」「マイノリティーの尊重」「透明な政治」といった大原則のもとに「野党連合」として政策協定を結び、総選挙では共通公約を掲げる。小選挙区では候補者を一本化し、比例代表では「無関心5割」の掘り起こしを競い合う。それが投票率を引き上げるいちばん効果的な選挙戦略ではないか。

そのうえで忘れてはならないのは、「野党共通の首相候補」を総選挙に擁立することである。この「首相候補」を決めておかないと、仮に選挙で過半数を制しても空中分解してしまう恐れがあるし、何より有権者にとって政権交代のイメージがわかない。そして総選挙に擁立する「首相候補」は政党の党首ではないほうがよい。

現在の国会議員でないほうがなおよい。「野党連合」としてまったく新しい人物を担ぐのである。そのほうが野党連合はまとまりやすいし、有権者にも新鮮だ。

今から総選挙までに立憲民主党を多数党に分割するのは時間の制約上、現実的ではない。それは次回以降の課題としてほしいが、今からでも小選挙区の候補者を比例重複をとりやめ、その代わりに「社会福祉など様々な現場で地道に活動してきた当事者」を比例代表の名簿にずらりと並べることは可能だ。後段の「首相候補」は今回の総選挙からでも十分に間に合う。野党第一党・立憲民主党の枝野幸男代表は自ら「首相候補」として立つ覚悟だろうが、はたしてそれで投票率が上がるだろうか。

サプライズとして清新な人物を「野党共通の首相候補」として総選挙に担ぎ、枝野氏は立憲民主党代表のまま「副総理兼官房長官」候補として野党連合のまとめ役に徹する。そのほうが、世論に新鮮なインパクトを与えて投票率を引き上げ、政権交代のリアリズムを高めることにつながるだろう。それは枝野氏自身の政治基盤を格段に強めることにもなると思う。「野党共通の首相候補」は、例えば、前川喜平氏はどうか。とにかく投票率を上げることである。枝野氏の英断に期待したい。

鮫島　「多党制」ということですが、現実は、小選挙区制の中で政権交代しないと動かないわけです。だから、政党はたくさんあっていいのですが、大きな連携ができる「旗印」が必要になってきます。ですから、A党　対　B党という構図からA陣営　対　B陣営　という構図への転換が必要で、その陣営をまとめる「旗印」が問題です。私は、常日ごろ申し上げているんですが、その旗印は、右対左というイデオロギー対決ではなくて、上下対決＝貧富の格差、「上級国民」対「一般大衆」という闘いの構図にするしかないと思っています。

その「一般大衆」を代表する場合、そのなかにちょっと右っぽいやつとか左っぽいやつがいてもいいのです。それよりも、あくまでも、貧富の格差を解消するという一点で、上級国民中心のエリート社会に立ち向かう側ＶＳ勝ち組の経済界、官僚という対決構図で自民党という本質的に勝ち組政党に対抗してまとまっていくことが、今、現在の政治リアリズムだと考えています。

しかし、課題は、現在の野党が上下対決ではなくて左右対決になっている。これが非常に問題で、左右対決の方が現役議員の議席を守れるからという動機がその背景にあります。そして、その内実は、参議院の比例区だと一部のリベラル層の意見だけまとめれば、野党側は当選できてしまう。こうなると政権交代は目的どころか自分たちの議席を維持するために「だけ」あるということになってしまって、これこそが「目的」になっている。こういう理由で上下対決の軸を出さないわけです。また、労働組合の連合が実質上「上」の大企業の味方になってしまっています。

左右対決のままいくと、日本社会は、「右3割・左2割・無関心5割」と言われていて、投票率50％として3対2で右が勝つということで、左右対決である限り、この構図が繰り返されます。これをやっている限り自民党は安泰、野党も2割とれるから、現職は安泰で落選しないので、現職優位のこの構図を崩すには、全然ここの構図とは違う、外からの新興勢力が登場してきて既得権を保有する層を打ち崩すしかないと考えます。しかし、現状は、自民VS旧民主党の流れをくむ立憲民主党で、政権交代なしの閉塞状況です。いわば、二大政党政治の最悪の形態であり二大政党制の良いところはなくて、悪いところだけが顕在化しているということになっています。そして、そこに挑んできたのが維新といえる。維新も最初、橋下徹さんがでてきたとき、さてどちらの方向へいくかという問題意識で、私は橋下さんをインタビューしたことがありました。彼に次のように問いました。「左右対立にもちこまないでくださいね。上下対立で既得権益をぶっ壊すことになれば面白くなる」と言いましたが、その後、橋下さんは、石原慎太郎さんと組んだりして右の要素が強くなってきてぐちゃぐちゃになりました。しかし、それでも最初のころの維新は、まだ、下の層を代表する機運があったと思います。それが大阪で断トツ一位の勢力になってきて、最近の維新をみていると、下の代表ではなくて上になってきた。大阪万博を世論の反対を振り切って経済界と一緒にゴリ押しする姿は、まさに維新が一般大衆ではなく上級国民の代弁者になりつつあることの証左でしょう。

自民党と立憲民主党の間も上下ではなくて、左右対立になっていて、そうなると維新も独自色をだすために自民党よりも右をうちだすということで、立憲との違いを際立たせていて、結局、立憲も維新も古臭い左右対立が前面にでて、なおかつ、それで現有議席を守る姿勢になっていますから、以前の古臭い政党に成り下がっているというのが正直な評価ということです。

COLUMN 7

「左右対決」から「上下対決」へ転換せよ！

〜「なぜ野党の支持率はあがらない？」にお答えします

菅義偉首相にとって最大の関門は野党と議席を争う「解散総選挙」ではない。安倍晋三前首相や麻生太郎副総理が立ちはだかる「自民党総裁選」である。永田町に吹き始めた「解散風」は「安倍・麻生」vs「菅・二階」の党内権力闘争から生じたものだ——「新聞記者やめます。あと58日！【安倍氏と麻生氏が衆院解散を煽るその心は？】」で現下の政局をそう読み解いたところ、たくさんの反響をいただいた。

政局記事への世間の関心は低いと思っていたが、実は違うのではないか。単に新聞の政局記事に読者の皆さんが満足していないだけではないか、と思った次第である。

数多く寄せられたご意見・ご質問のなかで最も多かったのは「自民党内の権力闘争の構図はよくわかったが、なぜ野党への期待が高まらないのか」という内容だった。この答えを深く掘り下げると一冊の本になってしまいそうだが、きょうはその核心部分だけお示ししたい。

「日本の有権者は右3割、左2割、その他5割」というのは政界やマスコミ界ではぼ通説になっている。ここでいう「右」と「左」は強いイデオロギーを示すものではなく、「右＝地域や組織の同調性を大切にするなんとなくの保守」と「左＝個人の意思や人権を大切にするなんとなくのリベラル」というくらいに緩やかに理解していただければよい。そして「その他」は「政治的無関心層」と考えていただいて差し支えない。安倍政権が国政選挙に6連勝した構図をざくっと総括すると、「投票率は5割（つまり無関心層が投票にいかず）で、右の3割が与党に、左の2割が野党に投票し、与党が3対2で競り勝った」といっていい。この「3対2」の僅差が衆院選の小選挙区制においては与党の地滑り的勝利につながったのである。

野党はこの構図を続けている限り、いつまでたっても「3対2」で敗れつづける。現状より議席を積み増して「躍進」と言おうが、過半数にもう一歩まで迫って「善戦・惜敗」と言おうが、過半数に達しなければ負けは負けだ。「選挙制度が民意を反映していない」といくら言ったところで、政権交代にはつながらない。アカデミックに、ジャーナリスティックに選挙制度を見直す努力はもちろん必要だが、当事者である政党がそうした言い訳をしても始まらない。現状の選挙制度で与党に打ち勝つ現実的な戦略を組み立てるしかないのである。

私はこの「左右対決」の構図そのものを改めない限り、野党は万年野党であり続けると思っている。残りの5割、つまり無関心層の5割の心を惹きつける政党に生まれ変わらない限り、勝ち目はない。この「無関心層」は「無党派層」とイコールではない。「無党派層」は支持政党がないだけで、政治への関心がないわけではない。新聞やテレビで政治ニュースを読むし、ふだんは政治に無関心であっても「政権の不正」を目の当たりにしたら怒りがわいてくる。こういう人々は選挙に足を運ぶ。その怒りは「野党への一票」という形で現れることが多いだろう。その時、「3対2」はより接戦になる。与党はそれを恐れ、彼らの怒りを鎮めるために、時にバラマキ公約を掲げ、時に野党の公約を横取りする。そうして接戦を制してきたのだった。

2009年の民主党政権誕生は、自民党があまりにも腐りきり、幅広い有権者の怒りが頂点に達し、投票率が7割近くに跳ね上がって起きた歴史的事件であった。大雑把にいうと、5割の無関心層のうち5人に2人が選挙へ行き、野党に投票したのである。その結果、「3対2」は「3対4」に逆転し、民主党が地滑り的に勝利したのだった。ところが、その後の民主党政権の大混乱を目の当たりにし、有権者は絶望し、政治に冷めてしまった。もはや「怒り」だけでは政権交代は起きない。「怒り」は「あきらめ」に転じ、無関心層をより強固な「無関心層」に作り上げてしまったのだ。与党がよほどの失態（モリカケサクラをはるかに上回るレベル）を重ねない限り、選挙を何度実施したところで「投票率5割、与党が3対2で競り勝つ」ことが繰り返されるであろう。では、どうしたら良いのか。「政権の不正」を待つばかりではなく、野党が根本的に変革しなければならない。「左の2割」ではなく「無関心の5割」を代表する政党に生まれ変わるしかないのだ。

ここで勘違いしてはならないのは、「無関心」の人々は日々の生活に満足しているから「無関心」なのではない、ということである。逆だ。永田町の政治家や霞ヶ関のエリート官僚なんて遠い世界のこと、それを伝える新聞記者も遠くの人々、自分たちには関係ない、どの政党が勝とうが負けようが自分たちの暮らしは何も変わらない、とあきらめているのである。

政治家や官僚や新聞記者の多くはこうした人々の気持ちがわからない。なぜなら、彼らの大半は、恵まれた家庭に育ち、進学校から有名大学を卒業した「エリート」だからだ。無関心層からすれば、どの政党も、どの省庁も、どの新聞社も、所詮は「エリート」の集まりであり、自分たちとは違う側の人々だと思っている。ここに大きな「社会の分断」がある。

野党はこうした人々にリーチするしかない。そのための第一歩は自分たちのエリート臭を消すことだ。そして「あきらめた人々」の側に立つのである。「左＝リベラル」の旗を降ろせと言っているのではない。個人の自由や人権を大切する理念は掲げつづければよい。だが、それはメインの公約ではない。メインの公約には「あきらめた人々」の声を代弁するもの、貧富の格差、階級の格差、教育の格差など「格差社会」を改める経済政策・所得再分配の政策を大々的に打ち出すべきなのだ。

私はこれを「左右対決」から「上下対決」への転換と呼んでいる。「エリート」と「あきらめた人々」の分断を「上下」というかたちで表現するのはいささか躊躇があるが、「上級国民」という言葉が流行したように、これ以上にわかりやすく、多くの人々のこころに届く表現はなかなか見当たらない。

私自身、母子家庭で高校時代から奨学金をいただいて通学し、どちらかというと「あきらめた人々」の立場に近いところで生まれ育ってきた。新聞社に入社してみると、同僚の多くは実家が裕福で、親が高級官僚だったり、学者だったり、大企業の社員だったり、新聞記者だったり。都会の進学校から偏差値の高い大学へ進んだ「エリート」が圧倒的に多かった。そうした集団に身を置きながら、常に「あきらめた人々」を代表して記事を書こうと心がけてきたつもりである。

野党の支持率が上がらない理由は、私の新聞社の読者離れが進む理由ととてもよく似ている。その最たるものは、自分たちの存在意義を「左」に置いていることであると私は思う。軸足を「左」から「下」へ、「価値の実現」から「暮らしの救済」へはっきりと移すことが重要だ。政治とは「暮らし」なのだ。野党は「下」の人々の心を惹きつける「格差是正・所得再分配」政策を公約の柱に掲げ、「下」の人々とともに歩んできた候補者をそろえることで、「あきらめた人々」を代表する政党に衣替えしたほうがよい。エリート集団から離脱して「あきらめた人々」と同じ側に立つのである。そして「あきらめ」を「希望」に変えるのだ。

日本社会は衰退の一途をたどっている。「あきらめた人々」はますます増えていくだろう。野党が彼らから「上級国民の仲間」と思われている限り、政権交代は永久に実現しない。「エリート集団からの離脱」こそ、与党がもっとも恐れる野党の姿だ。

——で、下の勢力の代弁者はない？

鮫島　いや、れいわ新選組や参政党、日本保守党なんかですね。ただ、問題意識はまだぼんやりしています。左右でいうとそれぞれバラバラで、まだまだ上級国民に牛耳られているという感覚です。

上級国民の勝手は許さんぞ、というリーダーが出てきてまとまれば、数は圧倒的に庶民の「下」のほうが多いんですから、一挙に政治が動いて変化が出てくるということはあり得ると思います。これ、アメリカのトランプなんかがまさにそうですね、どうしても日本ではトランプは排外主義であるとか差別的であるとか悪いところばかりが強調されますが、確かに、それはトランプのダメなところですが、まさにアメリカ政治の上下対立を表現していますね。

山本太郎、泉房穂そして政権交代へ

――プアホワイトの代弁者がトランプ氏ですね

鮫島　政治力学的にトランプ氏の強さは、やはり下を代弁している強さです。日本でも、こういう強力なリーダーが登場してくれれば、自民党は倒せます。そういう意味では、2019年に山本太郎さんが出てきたとき、立憲の枝野さんが山本さんをリーダーに立てて前面に押し出し、自分はナンバーツーでいいという太っ腹な政局を動かせる政治家として行動できたならば、あのとき一挙に日本の政治は変わる可能性がありました。枝野さんが山本さんに嫉妬して足を引っ張るというしょうもないことをしてから野党の低迷が続いていると思います。山本太郎さんは、まだ今後も可能性はあるとは思いますが、ここまで野党内での対立が先鋭化すると、ただちに野党陣営の統一首相候補になるのは難しいでしょう。当面はれいわ新選組を自力で拡大させる独自路線を走るのではないでしょうか。そういう意味で、今は、前明石市長の泉房穂さんでしょうね。彼は左右両方見ながら、庶民代表として、自民党と戦うという立ち位置は鮮明にしているので、あのポジショニングでいいと思います。そういうリーダーを今後、誰に収れんさせていくのか。誰を総理候補として立てて、自民党に挑むのか、そのあたりの政局を作っていくのが政治のプロの仕事ですから。

――泉さんのお話がでましたので、そこをお聞きしたいのですが、私の知人のリベラル派のなかで、けっこう泉さん批判が多くて、パワハラ体質がよくないとか、暴言問題とかあるんですが、そのあたりはいかがでしょう。

鮫島　リベラル派の泉房穂批判ですが、確かにお会いするとわかりますが、すぐにカッ力するところもあり脇は甘いです。が、しかし、先にも述べたように政治家という人種は性悪説に立てば、最低の人間でうそつきだと思っているので、問題は、そのエネルギーを利用してどう目的を達成するかなんですよ。泉さんを批判しているリベラル派の方々にお聞きしたいのは、「あなたの目的は何なんですか」ということです。

国政レベルで考えると私は一番の目的はこの腐った閉塞感をもたらしている自民党政権を倒す、これだけだと思います。自民党政権を倒せば、新しい政治の動きができてきて、もちろん良いことも悪いことも両方おきるかもしれませんが、全体としては「マシ」な方向へ行きます。いまのままでは、絶対に何もよくなりません。この30年間賃金も上がらず経済も低迷してきたのはなんといっても政権与党の自民党の責任にほかなりませんから。ここまでダメになっている日本なのに、まだ自民党に期待するんですか、ということです。

民主党政権は3年あまりあったわけですが、あれが3年ではなくて10年ぐらい続いていたら日本はかなり変わったと思います。そういう意味では、民主党の菅直人さんと野田佳彦さんの責任は重大です。消費税増税で参議院選挙に敗れ、ねじれ国会となり自民党の復権を許したわけです。この一点において菅さんと野田さんはA級戦犯です。

お隣の韓国がそれとは状況が異なっていて、リベラル政権である金大中氏と盧武鉉政権でほぼ10年やったんですね。10年やることによって外国人の人権問題とか労働問題とかずいぶん変化しました。その意味で日本は韓国に後れをとっている。

民主党政権が歯を食いしばって政局に徹して、少しぐらい政策がうまくいかない時があっても、権力だけは手放さないということで10年政権に居座れば、ずいぶんと日本の政治に変化をおこせたはずです。本当は誰も自民党が好きなわけではない、自民党支持層の9割は政権与党だから「支持」しているにすぎません。自民党が政権与党でなくなれば、政治は浄化され、裏金、補助金の中抜き問題などはなくなっていくと思います。

COLUMN 8

泉房穂コールは起きるか？「救民内閣構想・7つのステップ」の可能性と課題

～決定的に重要なのは「圧倒的な総理大臣候補の登場」だ！

兵庫県明石市の泉房穂・前市長が政権交代を実現して日本の政治を大きく変える「救民内閣構想・7つのステップ」を提唱している。自民党が裏金事件で国民の支持を失った今こそ、新しい政治を実現するために「大同団結」することが必要であると訴え、そのための道筋を示している。

私は昨年、泉氏と共著『政治はケンカだ！』（講談社）を上梓し、政治改革の道筋についても突っ込んだ意見交換を重ねてきた。その立場から、「泉構想」の可能性と課題について、率直に論じてみよう。

①世論喚起

泉氏が掲げる7つのステップの一つ目は「世論喚起」だ。泉氏は昨年4月末に明石市長を退任した後、明石市長選に続いて兵庫県三田市や東京都立川市、埼玉県所沢市などで自公候補に挑む無所属新人を支援し、連戦連勝してきた。この結果、自公政権に対抗する「顔」として泉氏への期待が高まったという経緯がある。岸田内閣の支持率が一桁台まで落ち込んで国民からそっぽをむかれたうえ、自民党派閥の裏金事件が勃発して自民党への反発は極限まで高まっている。まさに政権交代の千載一遇の好機が訪れたといっていい。

一つ目の「世論喚起」は着実に進んでいると泉氏は指摘している。しかし政権交代の機運が高まるには至っていない。なぜなら、野党がバラバラで、自公政権に代わる新政権の具体的イメージがみえてこないからだ。私はこの点、立憲、維新、国民の3党が仮に政権構想をつくって掲げても、政権交代の機運は高まらないとみている。それは圧倒的な総理大臣候補が不在だからだ。立憲の泉健太代表、維新の馬場伸幸代表、国民の玉木雄一郎代表の誰かを総理大臣候補に掲げることで仮に3党が一致したところで、世論はおそらく盛り上がらない。岸田内閣への反発と自民党裏金事件への怒りで高まりつつある世論を受け止める「圧倒的な総理大臣候補」の登場こそ、政権交代のリアリズムを高める「世論喚起」にもっとも必要な要素であろう。

②大同団結

泉氏が掲げる二つ目のステップは「大同団結」だ。泉氏は「政権交代の実現は、『救民内閣』の大義のもとに各党が組めるか否かにかかっている」とし、立憲、維新、国民、れいわ、共産、社民、参政に加え、日本保守党や前原新党も連携したらいいと指摘。場合によっては自民党の一部や公明も連携していいと唱えている。2017年衆院選の希望の党のように「排除の論理」を打ち出すと失敗するとし、「救民内閣」の大義のもとで大同団結することを強く訴えていることが肝だ。

この提案については、(1)本当に大同団結ができるのか(2)できたとしても、新政権は成り立つのか――という二つの疑問が出てくる。これについて、泉氏は以下のステップで解説している。

③候補者調整

三つ目のステップは「大同団結」をするための「候補者調整」だ。泉氏は野党の現状について「各党は比例復活を狙って小選挙区に『かかし』として候補者を立て、潰しあっている」と指摘し、これを解消するために「予備選の実施」と「比例重複の禁止」を唱えている（比例候補は各党に任せるとの立場）。これは「言うは易し」だが、その実現は簡単ではない。

予備選実施の「世論喚起」効果は極めて大きい。野党各党が「限られた自公批判票」を奪い合っているだけでは投票率は上がらず、自公の組織票に競り負ける。無党派層の支持を引き寄せ、投票率を大きく引き上げなければ政権交代はそもそも実現しない。予備選には「野党候補の一本化」に加え、「世論喚起による無党派層の掘り起こし」という、さらに大きな狙いがあるといっていい。

しかし、野党各党が小選挙区で候補者を一本化するための予備選に参加する可能性は極めて低い。実際に立憲も維新も否定的だ。それは、野党各党が「小選挙区での勝利」よりも「比例議席の確保」を優先し、現職議員が小選挙区に敗れても比例復活して自分の議席を維持することを最優先にしているからだ。そこで、泉氏は「予備選実施」とあわせて「比例重複の禁止」を掲げている。この狙いは、野党各党に「比例重視」からの転換を迫り、小選挙区での勝利に不退転の決意で挑むことを促すことにある。小選挙区で勝てなければ政権交代は実現しないのだ。

私はこの主張に賛成だが、いまのままでは実現可能性は低い。ここでも不可欠なのは「圧倒的な総理大臣候補」の登場である。「この人のもとに結集しなければ自分は落選してしまう」というほどの強力な総理大臣候補が出現して「予備選実施」と「比例重複の禁止」を掲げれば、相当数の野党議員がそれを受け入れるだろう。

④政権交代

泉氏が掲げる４つ目のステップは「政権交代」である。過去の政権交代は１９９３年と２００９年に起きた。93年衆院選は中選挙区制のもとで行われたが、自民党が分裂したうえ、日本新党や新党さきがけなど新党が乱立し、結果として自民党が過半数を割り、非自民非共産の８党連立政権が誕生したのだった。複数政党が複数議席を奪い合う中選挙区制だからこそ、シナリオなき政権交代が起きたといえるだろう。一方、２００９年の政権交代は、小選挙区制導入を柱とする政治改革の帰結として起きた。自民ｖｓ民主の事実上の一騎打ちの対決構図が実現し、自民党政治への反発が高まるなかで、もうひとつの選択肢として民主党が地滑り的な勝利を収めたのだ。だが、民主党政権は発足後、小沢派と反小沢派の内紛で瓦解し、短命に終わった。

泉氏は次の衆院選は「93年の多党連立政権型」になると予測している。93年との相違点は、選挙制度が小選挙区制に変わり「候補者調整」が不可欠になったことだ（③のステップ）。

93年は自民党を割って出た小沢一郎氏という「剛腕の黒幕」がいた。しかしもはや黒幕政治家の時代ではない。やはり「圧倒的な総理大臣候補」の登場が多党連立の実現には不可欠ではないだろうか。

⑤方針転換

政権交代が実現すれば、あとは政策をどう実現していくかである。泉氏が掲げる5つ目のステップは「方針転換」。新政権の方針に従わない大臣や官僚を総理大臣が次々に更迭すればいいと主張している。

私はこの主張におおむね賛成だ。しかしこれも「言うは易し」。民主党政権も当初は各省庁の局長以上の全員にいったん辞表を提出させ、新政権の方針に従う者だけ再起用するとしていたが、やりきれなかった。役所はあの手この手で新政権を妨害してくる。とくに人事に手を突っ込めば、なりふり構わず新政権の足を引っ張ってくる。民主党政権はそこで官僚と手を握り合い、国民の期待を裏切ったのだ。新政権の方針に従わない大臣や官僚を次々に更迭するのは、国民から圧倒的に支持された強力な総理大臣でなければやりきれないだろう。

泉氏は「方針転換」に必要な財源について「国債発行でいい」との考え方を示した。これに対しては財政規律を重視する立憲民主党の執行部（野田佳彦最高顧問、岡田克也幹事長、安住淳国対委員長ら民主党政権で消費税増税を推進した重鎮たち）が強く抵抗する可能性が高く、「大同団結」の大きな障壁となることが予想される。

⑥国会での可決

泉氏が掲げる6つ目のステップは「国会での可決」だ。政策を具体化するには予算や法案を国会で成立させる必要があるが、国会議員が反対する可能性がある。その場合は躊躇なく、衆院を解散して国民の信を問えばよいという主張だ。

泉氏は、かつて小泉純一郎首相が郵政民営化法案の否決を受けて衆院を解散した「郵政選挙」を持ち出し、この手法を踏襲すればよいと説く。リベラル勢力には「首相の解散権の行使」に慎重な意見もあるが、私は首相が求心力を獲得して政策を動かすには解散総選挙で国民の支持を勝ち取ることが極めて有効だと考えている。岸田首相がレームダック化したのは、解散総選挙を断行できなかったからにほかならない。ただ、ここでも「圧倒的な総理大臣」が存在することが不可欠だ。小泉首相も国民に絶大な支持を得ていたからこそ郵政解散を断行できた。内閣支持率が低く、国民から見放されている首相では、与党の反対を振り切って解散総選挙に踏み切ることは不可能だ。

⑦令和の大改革

泉氏が最後に掲げるステップは「令和の大改革」。都道府県を廃止して300くらいの圏域に再編する「廃県置圏」や「首相公選制」を掲げているが、ここに至る道のりは長く、今回は省略する。

以上、泉構想の成否を握るのは、「圧倒的な総理大臣候補」の出現である。それなくして「大同団結」も「候補者調整」も「政権交代」も「方針転換」もリアリズムは高まらない。

そして、野党第一党である立憲の泉健太代表や野党第二党の維新の馬場伸幸代表が「圧倒的な総理大臣候補」になる可能性は極めて低い。どこからか「新しい顔」を引っ張り出すことが不可欠だ。その有力候補のひとりが泉房穂氏であることは間違いない。

泉氏は「自らは主役ではなく脚本を描く」として国政進出に慎重な姿勢を示しているが、これは「泉待望論」の世論が高まらない限り手を挙げても圧倒的な総理大臣候補にはならないというリアリズムに基づいたものであり、「泉コール」がわきあがれば一転して「主役」に名乗りをあげる可能性はあるだろう。地元の政敵である自民党安倍派の西村康稔前経産相が裏金事件で窮地に立っており、ここで泉氏が「世なおし」を掲げて衆院兵庫9区（明石市と淡路島）から出馬すれば、衆院選最大の注目区として世論を盛り上げるのは間違いない。

泉氏は一方で、別の政治家（山本太郎氏かもしれないし、田中真紀子氏かもしれない）に世論の期待が高まれば主役を譲る考えは持ち合わせていると私は思っている。誰に風が吹いて、誰のコールがわきあがるかは誰にもわからない。しかし誰かに風が吹いた以上、その好機を逃してはならず、その風に乗り、みんなでその人を担がなければ自公政権は倒せない。

２０１９年参院選でれいわ新選組が旗揚げした当初の山本太郎代表の勢いはすごかった。あの時、立憲を率いていた枝野幸男氏が山本氏を担いで一気に政権交代を目指せばどうなっていたか。枝野氏は逆に山本氏への警戒感を強め、れいわとの関係がこじれた。その失敗を繰り返してはならない。

政治世界における「官僚」とは

――さて、先程の民主党政権の失敗で、菅直人さんの責任がでてきましたが、菅さんの消費税増税やギリシアのようになるという財政破綻論など、すべて財務官僚にやられてしまったという感じですが、その「官僚」とは、いったいどんな存在でしょうか。官僚のみなさんは、何を目指して生きているのか？

鮫島　一言でいえば、叙勲褒章です（笑）。自分が周囲から評価されたいということ。もっというと偏差値教育です。小さい時から友達より点数がいいんだからとちやほやされゴールは東大法学部ですね。自分は受験競争に勝ってまわりより偏差値が高くて、東大法学部にいったと。それで、そこからまた偏差値競争がはじまります。一番、優秀なのは財務省（大蔵省）に行く。銀行とかに行くやつは、二の次だと、オレはトップだから財務省に入省して、その次は事務次官だと、ここでも偏差値教育です。事務次官になって財務省を引退したらなんとか公庫の総裁とか、有力天下り企業の社長になったりして、ずっとトップを行くことになります。地位も高まり退職金もいっぱい入る、加えて退職ＯＢになってもずっと財務省ＯＢがステータスですね。そしてＯＢ会でも序列が決まっていて、事務次官経験者が上のポストで、最終的に叙勲褒章の位が上にあがる。死ぬ間際に同期より一番上に立ったということが、官僚たちの自尊心を満たすゴールになります。小さい時から受験戦争の影響で競争社会文化がしみついています。ある意味、政治から遠いところにいる人たちです。何か自分たちで実現したいものがあるわけではなくて、ただ、自分が同期の中において先頭で優秀だと言われたいという思考の持ち主たちなのです。

これは戦後の偏差値教育の大失敗です。その失敗が財務省（大蔵省）官僚に凝縮されています。ですから、彼らは竹中平蔵さんみたいに慶応大教員で（竹中氏は一橋大出身）成金志向でベンチャー、株で儲けてなんていう人間が許せない。自分たちが、こんな年収で働いているのに、規制緩和でぼろ儲けしているような連中、偏差値教育以外のところで頭角をあらわす連中が、官僚の人たちはムカつくというところがあります。だから規制緩和が嫌いなんです。ただ、最近の東大は変わってきていて、東大を出ても財務省なんかには行きたくないから、ベンチャーとかで儲けたいという拝金主義が強くなっています。今の官僚をみていると早めに規制緩和とか主張して評価されて、どこかの経営者に引っこ抜かれて、みたいな人が出てきてますから、事実上の霞が関の崩壊ですね。

第５章

日本の上下対立・外交・地方政治そして政治ジャーナリズムの未来へ

日本の階級構造と政治

――さて、その拝金主義と先に話題となった上下対立に絡む話題を考えてみたいと思います。日本の社会を所得階層ピラミッド型の図式で見ると政治とのからみでみえてくるものがあると思います。まず、150ページの図の頂点にいるA層ですが、保有資産が5億から10億という超富裕層で全人口の0・2%ぐらいの人々。次にプチ富裕層保有資産1億以上が約2・3%ぐらいで、これらをあわせてA層としましょう。次に、B層ですが、専門職、エリート官僚、学者などA層に奉仕する形での専門職型の上級国民です。世帯年収は、ざっくりと700〜1000万円前後でしょうか。それから、C層、一般的な労働者、サラリーマンやブルーカラー労働者など国民の大半を占める下級国民、世帯年収300万円〜600万円前後（ピラミッド図では、平均個人年収を示している）。そしてD層、いわゆるアンダークラスともよばれる、日々の衣食住などにも困難をかかえている、貧困ひとり親世帯やホームレスの人々など、平均世帯年収300万円以下から生活保護水準以下（ワーキングプア）の人々、人口でいえば1000万人前後ぐらいの人々。

以上を政治がらみでみてみると、いわゆる議会政治として国会内で闘っている政党は、B層とC層（これが大枠としての自民党VS立憲民主にあたる）の「嫉妬といがみあい」の戦いであって、本丸のA層の超富裕層は、その国会政治とは無縁で生きている。反対に、D層にあたる貧困層の政治的代弁者がいない（例外は、れいわ新選組などかもしれませんが）。というようになっていて、これを、本格的な上級国民VS下級国民にして政権交代にもっていくにはどうしたらよいのでしょう。

鮫島　その図式でいうとA層の超富裕層は、数からいうと本当に一握りの人たちなので、B層にお金を配ることで影響力をもっているわけです。具体例でいうと官僚の天下り先の決定権なんていうのがそれにあたります。A層は、直接政治の表に姿をみせないようにしてB層を通じてお金の世界をコントロールしています。それでA層とB層を一体化してみたときに、C層はサンドイッチにされて、A、B層とD層がくっつくというのが政治の世界ではよく起きることです。いわゆるD層の不満は、AあるいはB層の経営者

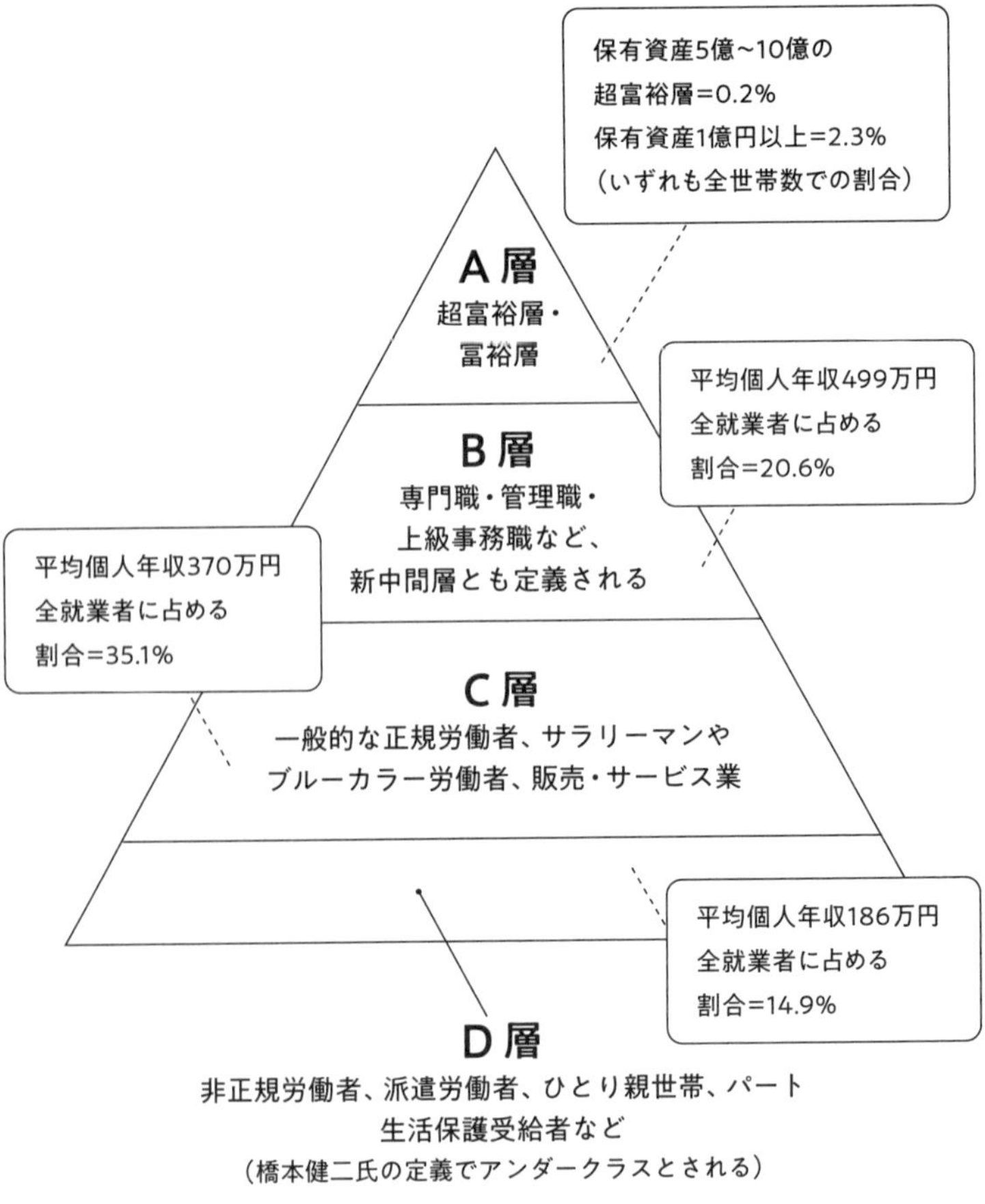

この図は、野村総合研究所HPの「日本の超富裕層」サイトと橋本健二著『新・日本の階級社会』『アンダークラス』(いずれも講談社現代新書)から編集部で作成したものである。それぞれの統計基準が異なるため、あくまでも本書インタビューの参考図としてみていただきたい。たとえば、A層にあたるところは、橋本氏によれば資本家階級で平均家計資産は4863万円になるが、この図では、格差社会を明確にするために、平均資産を一億円以上の富裕層に限定して、その部分は野村総合研究所のデータを用いている。

とかあるいは政治家の総理大臣とかにはぶつけられないのです。直接の不満は非正規労働者のD層をこきつかっているお店の「店長」とかにいきます。店長は正規社員で組合に加入していて守られているのに、俺たちは組合なし、ボーナスなしでいつ首切られるかわからない、そういう憤懣・批判がC層である店長クラスにいくわけです。ここで、自民党は、正社員のC層は組合を通じて立憲民主支持だったりするわけですから、B層とD層をとりこんでC層をたたいてくるわけです。逆にいうと、野党の失敗は、D層を取り込めずにC層のことだけをみてきたことによって、これまでも何度か申し上げている、保守3・リベラル2の構図で負け続けてきたという事でしょう。「連合」なんかがその最たるもので、常に連合は正社員の**み**の味方で非正規のことをフォローしてこなかった。非正規層は、どんどん日本経済が弱体化してきた結果、増加傾向にあるわけですから、連合なんかは、ますますD層から嫌われていくことになります。

本来D層は、構造的にA層とB層を敵にして戦わないといけないのに、目の前のC層に近い野党を批判することになり、けっきょく、それが自民党を支えることになってしまっています。これは野党の戦略ミスです。野党はC層とD層をまとめて下級国民を団結させて、A層、B層にむかっていけば圧勝するはずなんです。だからアンダークラスのD層を取り込めていないのはまったくダメです。おそらくその取りこめていない一つの原因は「連合」の影響だと思います。

繰り返しになりますが、D層にれいわ新選組が強いならば、そこにアプローチするために、2019年当時の立憲代表の枝野さんなんかは、山本太郎さんと共にC層とD層が組めるような条件を出して、特に左右のイデオロギー対立は目をつぶって、幅広く、格差貧困解消・格差是正という経済対策一点にしぼって政権交代をやっていくことに徹するべきでした。

これこそが正しい政治選択だと思います。こういうことを政治学者とかも分析発言すればいいのですが、残念ながら、政治学者とかも大学教員だとB層にいますから、本当のD層の苦しみなんかわからない。これは朝日新聞なんかもそうで、B層とかC層の上のほうにいますから、まったくD層の気持ちがわからない。インボイス制度のどこが問題かもわからないんです。税理士雇ってすべてお願いすればいいじゃないか、みたいな感覚でみていますから。

こうして、階級の断絶がますます進むという感じです。

――私なんか、まさに上下対立にもちこみたいのですが、学者の世界もマスコミもそうですが、左右のイデオロギー疑似対決みたいになっていて、欺瞞の構造のように思います。

鮫島　左右対立にしたいのは、自分のインテリ度をひけらかしたいだけなので、本当に大衆運動から現実の政治をひっくり返したいという気持ちが弱いのではないですか。そういう人たちは本当の意味での経済格差是正をのぞんでいるわけではない。朝日新聞社社員なんかも、ほとんどがそうで、自分の子どもをグローバルな「人材」にしたいから、海外留学に金がかかるなんてぼやいている連中ばかりです。さっきのピラミッド構造でいえば、C層からB層にいきたい、はたまた、A層にいきたいということだけを考えているのではないでしょうか。そういう意味で大衆運動的政治には興味がないということでしょう。

衆議院と参議院をどうする

――さて、具体的な政治の仕組みについてもお伺いしたいと思います。衆議院と参議院の意味と役割についてはは、どう、お考えでしょうか。

鮫島　この問題は、なかなか難しくて答えが複数考えられるとは思いますが、まず、二院制の意味でいくと、二院制は実は物事を決めにくくしていると思っています。最初のほうに申し上げたように、政治とは最先端を走る必要はなくて、落ちこぼれた人たちを守らなきゃならないとすると、権力者の行為を「妨害する」のが、実は二院制の役割ではないかと思います。そうすると、衆議院と参議院は選挙制度も含めて、似たり寄ったりの構造はダメだといえます。

参議院の起源が戦前の貴族院だとすると、参議院をすこしエスタブ化しておいて、衆議院のほうを露骨に大衆の意見が現れてくるというやり方もあるんじゃないかと思います。大衆がいつでも正しい意見を言うとは限らないわけで、大衆の暴走もありうるわけですから、その暴走に参議院がちょっと歯止めをかける。逆に参議院が既得権益に縛られてなかなか物事を決められないときに衆議院側が大衆側の意見で押し切るとか、そういう制度での一種の防波堤のようなものを作って、あえて物事がいっきょに流されて「決められない」ことが大切だと思います。それで、その決められない状況を乗り越えるのが「政局」ということです。権力者が号令一家「やれ」といっても、それを決めにくくするところに民主主義の意味がありますが、その決めにくい中で政策を実現していく技みたいなものが、政局の妙なんですよ。ここには、政局と政治制度の緊張関係があります。

ところで、参議院が衆議院のカーボンコピーといわれて意味がないかのように言われてきましたが、歴史をふりかえると実は、政局は参議院から動くことが多いのです。参議院選挙で与野党逆転がおきて「ねじれ」状態となり政界が変わっていく。それで、その次の衆議院選挙で政権交代がおきるとか、93年の政権交代は92年の参議院から動き出したし、２００９年もその前の２００７年の参議院から政局が動き出す。このように参議院が先です。

ただ、現在の二院は確かに、お互いが似すぎていますね。なので、思い切って、衆議院は直接の民意を反映するということで、完全小選挙区制で比例復活はなしとする。そして、参議院は、逆に完全比例区だけにする。こうなると、おそらく参議院のほうで政党が乱立するでしょう。衆議院で数の論理で多数が牛耳ろうとしても、参議院で小政党の少数意見にも配慮していかなければならないという、こういう構造のほうが民主的かもしれません。

日本政治における外交は「すべて！アメリカ寄り」

――さて、政治の大きな柱に「外交」ということがあります。これは、官僚制度とのからみで、どうしても伺っておきたいところです。日本の歴史を大きく見ると、常に中国とアメリカにはさまれて外交があるというようにみえますね。こういう中で、財務省とともに力のあるといわれる外務省と外務官僚のことをお聞きしたいです。最近のサメジマタイムズ（「政治を読む」２０２３年10月10日）でも当時の木原誠二幹事長代理（前官房副長官）と米国エマニュエル駐米大使の癒着の事を書かれていましたね。いわゆる

対米従属構造というのでしょうが、そのあたりから。

鮫島　外務官僚というのは、アメリカに気に入られると出世するんです。これは外務省に限らないということもあります。大蔵省といわれていた時代には、大蔵省内にも反米意識なんていうのもあって、要するに通貨競争があり「ドルか円か」みたいなところで気骨のある大蔵官僚が「反米的」という機運も一部あった。

しかし、外務省は昔からアメリカ従属です。あそこは縦割りだから、中国を担当するチャイナスクールは中国寄り、ロシア担当のロシアスクールはロシア寄りですが、圧倒的に英語を使える人が多いのでみんなアメリカ寄りになります。

かつては、現在よりは官僚の世界も多様化していました。しかし、この2～30年、特に日本が経済低迷期になって顕著ですが、アメリカ一色になりました。チャイナスクールもロシアスクールも含めて、みんなアメリカ寄りなんですよ。なぜそうなのかというと、これは官僚のみならず、ジャーナリズムも新聞社もテレビ局も大企業もみんなその傾向ですが、すべてアメリカに留学してハーバードなんかに行ったということで威張っている。そこでアメリカの流儀に巻き込まれてアメリカの人脈が出来て、そのことを売りに日本で出世するという構図が、政界も財界もマスコミもそして官僚もすべて構築されて、アメリカナイズが出世のプロセスになっています。官僚が留学を終えて元の職場に戻っても、アメリカに知り合いがいて「アメリカはこうなってますよ」なんて訳知り顔であることが、すべての組織の出世の基本構図です。こうなるとアメリカの意向が全てになってきます。

具体的例でもっと説明すると、例えば警察です。検察もそうですが、日本の捜査機関の捜査能力なんかヘボいものです。防犯カメラに写っていなければお手上げ状態。そうなると結局はアメリカから情報をもらうんです。公安にしてもＣＩＡとかからです。アメリカの捜査機関はデジタル情報とかを膨大に保有しています。けっきょく、アメリカを窓口にアメリカから情報をもらわないとまともな捜査すらできないということになっています。この傾向は経済産業省も財務省もみんな同じ傾向にあります。アメリカ当局がどうなるかを察知できないと組織の中で立ち行かなくなる。こうして、防衛も警察も経済も何もかもが、アメリカと一体化してしまいました。

こうなると官僚の力が落ちていき、官僚のなかにも外資系企業に引っこ抜かれて社長になりたいとかいう連中がいます。

私が記者時代に担当していた竹中平蔵さんは、その当時は弱小大臣でしたが、20年たってみると竹中さんは勝ってしまった。アメリカの代弁者としての竹中イズムが霞が関にも浸透して誰もが竹中さんみたいになりたいと官僚たちが思うようになっています。これは、竹中イズムに財務省トップ以下が敗北したといってもよいでしょう。

それで、外務省はどうなっているか。外務省には、最終的には駐米大使が一番偉いみたいな構造は昔からありますが、ここ最近は、もっとアメリカ従属がひどくなっています。それは、外務省自身が自分で情報を取れないようになっている。ロシア（ソビエト）専門分析官だった評論家の佐藤優さんぐらいが最後の人間かもしれないですね、自分で情報がとれるタイプは。

この傾向は、中国担当でもロシア担当でもどこでもそうで、外務省独自で世界各地の情報をとることができない。それで、どこから情報を得ているかというと、すべてアメリカに教えてもらっているわけなんです。もちろんアメリカに踊らされた虚偽情報も含めてです。こうして外交も防衛もアメリカから聞いた情報が世界の情報だと思っています。だから本当の中東やアフリカで何がおきているかはわからない。

アメリカ目線で世界をみると誤る

——政治部記者さんでも外務省担当の方がいらっしゃいますよね。その人たちはどうなんですか？

鮫島　外務省というのは縦割りだから、記者もそちらに流れてしまいます。記者も留学してその先で外務省官僚と仲良くなって、そのまま帰国して、インナーサークルつくって官僚と共に「アメリカではこうだよね」みたいなことになります。

昔は、ちょっと違いました。中東は中東でロシアはロシアでその地域のうるさ型の専門家がいましたね。アラビア語やロシア語を使えて現地に何年も住んでいたとか、その地域の料理から習俗まで、地域のことを知り尽くしていました。そういう人物が、記者にも外務官僚にもいたわけです。

何度も申し上げますが、今は、すべてがアメリカ目線です。アメリカ目線で中東・ロシア・中国を語ることになります。世界をアメリカの価値観でとらえてしまう。

――官僚やジャーナリズムがそうなってきたのは、やはりここ20年で急速にそうなってきた。新自由主義が蔓延してきたのとほぼ同時期ですね。

鮫島　新自由主義の勝ち組のアメリカの目で世界をみているということになってしまいました。

国連決議をみても、2023年10月27日のパレスチナ人道的休戦決議でも、国連加盟193か国中121か国が賛成し、反対は米国、イスラエルなどの14か国、棄権は日本、英国、ドイツ、ウルグアイなどの44か国ですから、棄権と無投票を除く世界の3分の2以上は賛成で、アメリカは少数派になり反対している。これは、ウクライナ戦争をめぐるロシアの位置づけもそうで、ロシアは世界でまったく孤立していなくて、2023年10月のロシアのプーチン大統領は、中国の習近平国家主席が提唱した巨大経済圏構想「一帯一路」の国際フォーラムに出席しましたが、参加国は120か国以上ですね。こういう動きも、アメリカからの視点だけでみていると見誤ります。BRICSといわれるインドの台頭、ブラジルや南アフリカのこと等々、すべてそうです。それで、今年のアメリカ大統領選挙で、トランプ再選で政権交代になるかもと急に慌てだしている。こうみてくると、アメリカから情報提供を受け、アメリカの視点だけ、アメリカのいいなりで見るようなことでは本当の外交なんてできないわけで、これは、外交音痴といっていいわけです。そんな外務省報道とかそれに追随するマスコミ報道なんて全然読まないほうがいいです。間違いだらけの外交ということですから。

竹中平蔵政策の功罪

――鮫島さんの『朝日新聞政治部』で竹中平蔵さんが、まだ、冷や飯食わされている時期のことが書かれていて、番記者の鮫島さんとファミレスで作戦会議していたというお話が面白かったです。佐々木実さんの竹中さんの評伝『竹中平蔵　市場と権力』（講談社、２０１３年）を読むと、常に竹中さんはアメリカ人脈をつかって、自分がのし上がることを考えていたということが書かれていますが、そんな感じだったんでしょうか？

鮫島　竹中さんはアメリカにも留学しているし、確かにその頃からのアメリカ人脈はあったと思いますよ。ただ、私が彼に最初に会ったときは大臣になりたての頃です。その後、竹中さんは小泉政権下で5年半大臣をやっています。その大臣経験の中から強くなってきたわけで、最初から力があったわけではありません。

初めは、まさに負け組です。誰にも国内で相手にされないときにアメリカに電話一本で政治を仕切れるわけではありません。あくまで小泉政権下の大臣として、小泉首相（当時）を後ろ盾にして権限を与えられていろいろやっていくうちに、どんどん人脈を大臣として広げていったわけです。

ここで重要なことは、日本政府の中で実力を持つことで、外交人脈をつくっていったということですね。最初からアメリカサイドに支えられていたわけではない。そういう意味では英語なんかできなくても、野中広務さんにしても鈴木宗男さんにしても権力をおさえることで外交交渉の当事者になれるわけです。日本人はそこを大きく勘違いしていて、英語ができて国際人脈があるから、外交に力を発揮できると思っていますが、これは大間違いです。外交は言葉ができることではなくて、一番大事なのは、国内権力を掌握しているかどうかです。自分の政治的発言が相手に約束できないなんて誰も交渉相手として認めません。これも「政局」です。まさに政局音痴がいかに政策遂行にも支障をきたすかの好例です。つまり外交交渉というのは、相手と仲が良くいいやつだとか、英語ができるとか、そんなことはどうでもよいことで、外交相手から「お前は、自分の国をまとめられるのか？」と試されるわけです。

日本国内の権力を牛耳ることができるかどうかが、実は外交の鉄則です。外交的な知識などは、事務方がやってくれます。そういうことの上手さが外交ではない。

竹中さんが強くなっていったのは、先程も言いましたが、小泉さんの後ろ盾があったからです。竹中さんの発言はそのまま小泉さんの言葉だと周囲が受け取っていました。そういう環境下で、竹中さんは、交渉相手から認められて人脈を広げていったということです。

——そういう意味で「権力」ということを理解しないと外交もできないということで

すね

鮫島　はい。そういう意味で竹中さん独特の嗅覚というのはあるのかなと。私は竹中さんの新自由主義は評価しませんが、それまでベールに包まれていた財務省が牛耳っていた政策形成プロセスを透明化したところは竹中効果として評価できます。骨太の方針を経済財政諮問会議で6月に出して、何月にはどういうことをやり8月に概算をまとめてという具合に議事録も公開して、そのスケジュール感を出します。それまで、財務省が主導権をとっていたところを竹中さんが奪ったわけです。こうして財政政策形成プロセスを透明化したところは評価できますが、その中身はどうか？というと評価は分かれるでしょう。私も竹中さんの規制緩和だとか民営化というネオリベ路線は当然反対ですが、そのことと、この政策プロセス透明化の部分は、評価を分けたほうがいいと思います。

それまでの財務省の仕切りで、まったく何も見えない状況でしたから。今の人は「竹中さんはひどかった」といいますが、財務省（旧大蔵省）が仕切っていたころは本当に、もっとひどいものでした。財務省の主計官が一番威張っていましたから。

財務省権力を脱するために

――そのあたりは、森永卓郎さんの『ザイム真理教』(三五館シンシャ)に書かれていたりしますね。

鮫島 この間、ある財務省官僚から聞きましたが、「最近は、財務省の力も落ちたものだと。昔は、40歳代そこそこの主計官が法的にも管轄の分野をすべて仕切っていて、それこそ与党議員を呼びつけていたけれど、最近は、野党の一年生議員に呼びつけられるんだ」と愚痴っていました。この愚痴ぐらい財務省の力は落ちたのです。

昔の財務省の横暴ぶりを知らない人はいろいろ竹中批判しますが、過去の財務省からすれば、あのころよりは竹中時代のほうがマシになったともいえます。

――財務省の権力横暴ぶりですが、財務省が積極財政に向かわないのは、やはり自分たちの権力を維持したいからということなんですか？私がいま一つ分かっていないのは、

そこまで、財務官僚が権力にこだわるうまみというか、そんなにメリットがあるのでしょうか。

鮫島　ありますね！それは再度ご説明しますが、偏差値教育のなかで、常にトップを走り、自分たち財務官僚が国家を支えているというプライドです。『朝日新聞政治部』に登場する元事務次官の細川さんは旧大蔵省を溺愛し、その頂点に立つことに人生を賭けてきたかつての「エリート大蔵官僚」の代表例でしょう。

――官僚が国家を動かしている自負がそうさせている、自分たちは政治家より偉いということですか？

鮫島　そう単純ではないですが、財務省＝国家ということはありますね。もちろんお金（収入）のこともありますよ。天下りも含めて75歳ぐらいまでは安泰ですから。その「地位」への執着です。とにかく、東大までトップできて俺たちより頭の悪いのが、俺たちより稼ぐのが気に入らない、そして、政治家については、有権者にペコペコして阿呆みたいな街頭演説している連中に過ぎないという評価で、最終的に自分たち官僚が物事を決めて判断しているということだと思います。限られた予算の配分を決めることにこそ、自分たちの権力の源泉があるわけですから、原則は緊縮財政でなければ困るんですよ。当然、積極財政には反対するわけです。

脱・東京一極集中から地方政治の可能性

――さて、日本は明治維新から、ずっと東京一極集中でやってきて、その結果地方の疲弊感が強いですが（2024年新年一月の能登震災でも顕著です）、地方政治の可能性と近未来についてはどうお考えですか。

鮫島　地方政治の可能性は相当ありますね。例えば、アメリカのような連邦制国家であれば、地方で決めて自分たちでできることは自分たちでやる。個人で、そして地方でできることを決めて、それでできないことは連邦にもっていくみたいなことですね。この構造は民主主義の基本です。ところが日本は現在のところ中央集権ですから、まず、最初に国家があって、国家がやって、その国家が面倒なことは都道府県に押し付ける、それで都道府県が面倒なことは市町村に押し付ける、その市町村の面倒なことは地域の自治会に押し付ける、さっきのアメリカの連邦制の逆構造になってます。これは日本の民主主義の成り立ちにとっては、非常につらい構造です。

――このつらい構造はどう超えていきますか。

鮫島　まず、この構造を突破するには、自分たちのことは自分たちで決めるための予算がいりますね。泉さんの明石市もそうなんですが、ある程度の金額を地域にポンと渡して、みなさんで何にでも使ってもいいですよというところで、自分たちのお金のありかたを自分たちで決めていくことが、まずは民主主義のスタートであるべきでしょう。こうした動きには非常に期待がもてる。

あと、中央である東京は行き詰まっていますね。高齢化もしているし空気も汚いし、何のために東京に住んで仕事をしているのかのメリットがなくなってきています。現在のようにデジタル化が進展する前は、東京にいるメリットは確かにありました。取材をするにしても、実力があって影響力のある人間が東京に集まってきていた。だから、取材する側も東京にいないと、有力な情報もとれないとか、人との出会いもないとか、そういうことがあった。

しかし、ご存じのようにデジタル化で、そういう東京の地の利はなくなりました。もう東京は、マイナスの面のほうが大きくなっていますね。土地が高い、緑は少ない、高齢化してパワーはない、お店は個人のお店がなくなってぜんぶチェーン店ばかり、大規模開発で似たような街並みばかりで個性もない、こうなると東京はコスト高の魅力のない街になっていきます。大金持ちがタワマンに住んで上層階から下を見下ろしているけれど、庶民は誰もいなくなっていくみたいなことになるんじゃないでしょうか。現在の東京都の都市政策をみていると庶民を追い出すための政策をやっているようにしかみえません。地上げ書類を作成して東京を金持ちしか住めないようにする、しかし、これは裏を返せば都市の自殺行為です。多くの庶民がいなくなれば都市は衰退していき、治安も悪くなり街は薄汚れていきます。

こうしてみてくると、東京はもう衰退期に入っていると思います。だいたい食べ物は断然、地方のほうが安くておいしいです。もう勝負ありましたね。

若い人たちが地方に移住して、地方が元気になっていく。選挙取材とかでも地方にいくと地方のほうが圧倒的に元気です。この動きは加速していく一方でしょう。

新聞ジャーナリズムに未来はあるか

――次に新聞・マスコミの役割についてお聞きします。約１００年前に新聞ジャーナリズムが登場して政治ジャーナリズムの中核を担うようになりました。当時の識者たちが異口同音にいうのは、これからの時代は新聞が政治ジャーナリズムの中核を担うのだという論調です。ちょうど第一次大戦と二次大戦の戦間期に活躍したベンヤミンという哲学者・批評家が面白いことを言っています。「新聞が登場することによって、それまでは、圧倒的に少数のエリートの書き手が存在して、読む側はその他の多数の庶民だった、しかし、新聞は投書欄があって、様々な人が自分の意見を言うようになって、書き手の側にまわるようになり、そのうち、書き手と読み手の境目があいまいになるだろう」といって、新聞の大衆化を肯定しています。しかし、これを今読むと、まさに現代のネット社会、ＳＮＳ発信社会のことではないかと思うんですね。鮫島さんが常々ご指摘されているように新聞はオワコンとなりＳＮＳが主流になりつつありますが、あらためて、ネット社会における政治ジャーナリズムの意味をお伺いしたいと思います。

鮫島　それでいいますと、新聞とかネットとかいう分け方よりもメディアというとらえ方のほうがいいと思います。メディアというのは、みんなに情報を伝えてみんなの意見を聞きだすというのが役割なので、そうなるとどうしても、紙のメディアよりはインターネットのほうが強いわけです。そこでは勝負あったということでしょう。紙媒体のものはなくならないと思いますが、メディアとしては滅びます。紙媒体の本も、何度も読み返す大切な宝物のような、めちゃくちゃ価値のあるものとして、いわゆる高級愛用品みたいなものでないと生き残れないでしょう。ですから、日々発行することが目的の新聞は、ほとんど勝ち目はない。新聞の役割はインターネットで代用できてしまい、ネットメディアの方がわかりやすく速く内容も深いという状況でしょう。政治とメディアの関係でいえば、何度も申し上げている通り政治は大衆のものです。その点でも一人でも多くの人々に速くわかりやすく伝えるネットメディアの特質からして、政治メディアの中心にインターネットがあることは自然なことのように思います。
もちろん、ネットの表現は文章とか動画とかいろいろあっていいと思いますが、あくまでもネットは、世界にむけて、大量に・安く・速く・深く・わかりやすく　という要素しかないので、そこで勝負ということです。私たちの仕事は、みなさんに読んで見てもらわないと話しにならないので、デジタル化は必然でしょう。

――そのときに、先程のベンヤミンではないですが、発信者のプロとアマの境目がなくなっていくのは、どう考えますか？

鮫島　境目がなくなるのは、よいことですね。発信者の地位・肩書とかそういうことではなくて、中身が問われていくわけですから。面白ければ一気に広がるわけです。過去のメディアに比べてルールとセッティングが変わってきただけでみんな等しく、開かれてフェアになったんじゃないでしょうか。新聞だって、投書は採用されなければ発表されないわけですが、今なら、内容が面白ければＳＮＳによって自力で広げていけるわけですから。

もちろん、ライバルがたくさんいますから、競争があって大変ですが、少なくとも権力者や大マスコミに頭を下げなくても自分で発信できるチャンスができてきたという点では、時代は良くなってきたと言えると思います。マスコミ界に入らないと発信すらできないという時代は過去のものです。SNSや動画配信・発信用の機材とかお金がかかる部分もありますが、そんな大金ではないので、チャンスは誰にでもある。

フェイクニュースをどう考える

――SNSなどでの「フェイクニュース」問題についてはどうでしょう。

鮫島　SNSの欠点として、よくあげられる「フェイクニュース」ですが、私なんかからすると、SNS上のフェイクニュースの問題よりは、これまでNHKや朝日新聞が堂々とフェイクニュースを流してきたんです。それで、そのフェイクを信じこまされてきたわけですから。それがSNSなどの多様な発信の影響でフェイクが可視化されてきた。これは、デジタル化の功績です。そして、SNSなどで発信者が多様化することで、もちろん玉石混交ではありますが、逆に大マスコミの大本営発表・官製フェイクが相対化されてあぶりだされてきている要素があってとても良いことだと考えます。無名の影響力の小さい人々のフェイクニュースを批判するよりも、やはり大マスメディアの国家追従のフェイクニュースこそたたかれるべきです。ファクトチェックとかよくいわれますが、SNS上の小さい虚偽情報かどうかわからないものをチェックするんじゃなくて、「国家」のいうことやそれを垂れ流す大手マスコミのファクトチェックをしろよと私は思います。

――ファクトチェックの意味をはき違えているということですね。

鮫島　そう。影響力のある存在の発言のうそを暴くのがファクトチェックですよ。ですから、まっさきに、総理大臣、次にNHKと朝日新聞をファクトチェックしないとだめです。コロナパンデミック下でのワクチン情報とかいろいろありますよ。これまで様々なフェイクニュースを信じこまされてきた中で、一応、大衆が疑うことができるようになってきたという意味では、デジタル、SNSで世の中だいぶ風通しは良くなっています。それに対して文句をいっているのは、既得権益をもっている大マスコミや権力側の政府であって、SNSなどを怖がっているということでしょう。以上の点からして一般大衆にとっては良くなっている。誰でもチャンスがある。

政治とは何？

――最後に、鮫島さんにとって「政治」とは何ですか？

鮫島　一言では難しいですが、この社会は多様な多くの人々が集まっているわけで、それらすべての人々が参加して物事を決めていく、そのプロセス全体が政治だと思います。そのとき大切なのは、人々が、憎んだり怒ったり落胆したりせずに、なるべく幅広く合意を形成していくということが大切ですね。最初にも言いましたが、勝ち組で、ほっておいても勝ち組の人は、そんなに不満もないでしょうから、現状維持でいいのかもしれません。しかし、負け組で弱者は、この世の中全体に大きな不満を抱えているわけです。そういう不満を救い上げて減らしていくことが政治の一番の役割です。誰一人取り残さないというのは、すべての人を見捨てないで、そのための合意形成をはかっていくということです。このあたりのことはジャーナリズムもまったく同じです。

とにかく、いまの政治にあきらめないで参加していけば、希望はあるということを示していきたいと思います。

あとがき

政治家へのあきらめ、だがしかし、政治をあきらめない

鮫島浩

私利私欲を捨て、世の中を良くするために、全力を傾ける。明晰な頭脳と深遠な愛情を兼ね備え、崇高な使命感と高潔な倫理観に溢《あふ》れている。

そんなスーパーマンに私は出会った試しがない。もちろん私自身、そのような人間にはほど遠い。私利私欲の塊だ。

政治家も同じである。民衆に思いを馳せ、分け隔てなく接し、誰からも尊敬され慕われる。テレビドラマで人気を博した暴れん坊将軍や水戸黄門、遠山の金さんのような「理想の政治家」は残念ながらこの世に実存しない。巧みに演じてみせる政治家はいても、いつかメッキは剥がれ、世の中を落胆させる。

四半世紀にわたって国会を駆け巡り、与野党の大勢の政治家と間近に接し、その言動を長い歳月を通してつぶさに観察してきて、私はそう確信するに至った。プライベートでは「人間を信じる」ことをあきらめていないが、少なくとも政治の世界では徹底的な「性悪説」に立つことにしたのである。

要するに、政治家の人間性に期待することをあきらめたのだ。

駆け出しの政治記者の頃はそうではなかった。当時も目の前にいる政治家たちは平気でうそをつき、はぐらかし、己の栄達のための権力闘争に明け暮れていた。だからこそ政治は腐敗し、世の中は良くならないのであって、「まともな政治家」がリーダーになれば政治は大きく変わり、世の中は良くなるに違いない。「まともな政治家」は必ず現れるはずだと信じていた。

期待は裏切られ続けた。世の中を熱狂させた「小泉改革」も「民主党政権」も今となっては宴の後。世の中をかえって悪くしたのではないかとさえ思えてくる。

政治家たちを少し擁護すると、彼らの多くは最初からうそや偽りにまみれているわけではない。「政治家の卵たち」は大概、理想や情熱に燃えている。ところが当選を重ね、地位を築き上げていくと、変質していく。選挙に落ちるとただの人。自らの立場を守るために、カネを集め、仲間を増やし、不都合な事実は隠すようになる。そして政治生命にかかわる重大な局面に直面し、うそをつくようになる。

必ずしも自分自身のためだけではない。家族のため、支持者のためでもある。自分が落選して失脚すれば、自分を応援してくれた支持者たちも立場を失い、不利益を被り、露頭に迷う。それを避けるには、つべこべ言わず、選挙で勝ち続けなければならない。そんな現実に追われ、理想や情熱を失っていくのだ。

政治家も一人の人間である。私利私欲の塊だ。善人でも悪人でもない。良いことも悪いこともする。家柄が良くても、偏差値が高くても、皆同じ。究極的には誰もが「自分ファースト」なのだ。

私は政治家取材で何度もだまされ、隠され、欺かれた。どんなに懐に飛び込んだと思っても、それは勘違いだった。政治家は記者を情報操作や世論誘導の道具としか見ていない。どんなに正義感に溢《あふ》れフェアーな記者だとしても、政治家にだまされて読者に間違った情報を伝えたら記者として失格なのだ。その意味では、周囲の政治記者たちは落第点の者ばかりに見えた。真っ直ぐな誠意よりもだまされない洞察力を磨くことがこの職業には不可欠であると確信したのである。

真実に迫るには、政治家を決して信用してはならない。彼らはどんな側近にも決して本音を明かさない。まして都合の悪いことを記者ごときに打ち明けるはずはない。自分を良くみせるために不都合はことは隠すし、平気でうそもつく。世の中をだますには、身近な者からだますのが手っ取り早い。

政治家が「何を言うか」ではなく「何をやるか」に注目する。政治家が記者に話すことは「本当のこと」から目をそらすため。彼らの言葉をろ過し、ウソや誇張を取り除いて真実を抽出し、彼らが決して口にしない深層心理を見抜き、彼らの実像を伝えていくのが、プロの政治記者の仕事だ。政治家たちの過去を熟知し、彼らの行動原理の核心をつかみ、思考回路を見破り、今後の政治行動を先読みしなければだまされてしまう。

そう割り切ると、政治取材ががぜん、面白くなってきた。すべての政治家の人間性に期待せず、全員を突き放して眺め、好き嫌いの私情をはさまず、彼らの営為を徹底解剖するのである。まずは生身の姿を知るのだ。

ひとりひとりの政治家の実像に近づくと、政界の大きな流れが驚くほど見えてくる。

誰もが自分の生き残りに必死で、他人を容赦なく切り捨てていく。それが政治家たちの生存競争の実相だ。

そこから目を背けず、「汚い」「醜い」と切り捨てず、ありのままを眺めていると、政治家に限らず誰もがうちに秘めている人間の欲望が見えてくる。虚栄心、支配欲、傲慢、保身…。権力闘争が激しくなるほど、人間が内面に抱える欲望は抑えきれず、むき出しになる。権力闘争というフィルターを通すことで、人間が日常生活で覆い隠している深層心理が浮き彫りになってくる。政治家取材は人間観察そのものであるといってよい。政治家は特別な存在ではなく、私たちに選ばれたフツーの人々であることに気づく。

政治家は当選を重ね、高い地位を得て称賛されたい人々である。そのために有権者の支持を懸命に集めようとする。彼らは勝ちたいだけだ。有権者が変われば、政治家も変わる。良い政治家にも、悪い政治家にもなる。彼らはカメレオンのように世の中に合わせて変色していく。それが彼らの生存競争だ。

どこからかやってきたスーパーマンが政治を変えるのではなく、私たち有権者が政治家を作り出し、政治家を通じて世の中を変えていく。私たちは政治を如何様にも動かせるのだ。

中学校の社会科で習った「主権在民」の意味を、私は四半世紀にわたる生々しい政治家取材を経て、ようやく理解することができた。ごく当たり前のことにやっとたどり着いた。

政治を動かす主導権は、私たち有権者が握っている。スーパーマンのような政治家の出現を期待する他力本願の発想が、民主主義の本質を覆い隠しているに過ぎない。

私は政治家に愛想を尽かしている。政治家へのあきらめがある。けれども、政治をあきらめてはいない。私たちの力で政治は動く。政治家をよく知り、彼らを動かせばよい。

本出版を企画し、私をインタビューして全体を構成し、一冊の本に仕上げてくれたのは、栃木県でひとり出版社「那須里山舎」を営む白崎一裕さんである。彼が提案した『あきらめない政治』というタイトルは、政治家たちの権力闘争を追うことに明け暮れる私に改めて「政治とは何か」という気づきを与えてくれた。本書は白崎さんから生まれ出たものである。この場を借りて感謝の意を伝えたい。

初出一覧

COLUMN 1
尾野真千子主演の映画「茜色に焼かれる」から私に届いたコメント依頼
（新聞記者やめます。あと18日！ SAMEJIMA TIMES 2021年5月14日）

COLUMN 2
なぜ私は新聞記者になったのか～「記者は他人の人生を書く。主役になれない」と問われて
（新聞記者やめます（完）きょう退社！ SAMEJIMA TIMES 2021年5月31日）

COLUMN 3
政局の読み方を伝授する『鮫島政治塾』を開催します！
現在進行中の政局を題材に学ぶ双方向型イベントを9月4日に渋谷で！ オンライン参加も大歓迎
（政治を読む SAMEJIMA TIMES 2023年8月6日）

COLUMN 4
「3月13日からマスク着用は個人の判断に委ねる」という政府方針とマスコミ報道の根本的な「大間違い」
（政治を読む SAMEJIMA TIMES 2023年2月14日）

COLUMN 5
ワクチン「副反応死」にようやく補償第一号
～ワクチン接種のリスクを黙殺して「国策」の旗を振ってきた政府・専門家・マスコミの共同正犯
（政治を読む SAMEJIMA TIMES 2022年8月4日）

COLUMN 6
「野党全勝」で浮かれる事なかれ。肝心の投票率が上がってません！（多党制という提言）
（新聞記者やめます。あと33日！ SAMEJIMA TIMES 2021年4月29日）

COLUMN 7
「左右対決」から「上下対決」へ転換せよ！～「なぜ野党の支持率はあがらない？」にお答えします
（新聞記者やめます。あと56日！ SAMEJIMA TIMES 2021年4月6日）

COLUMN 8
泉房穂コールは起きるか？「救民内閣構想・7つのステップ」の可能性と課題
～決定的に重要なのは「圧倒的な総理大臣候補の登場」だ！
（政治を読む SAMEJIMA TIMES 2024年1月16日）

那　須　里　山　舎　の　本

ベーシックインカム×MMT（現代貨幣理論）でお金を配ろう

誰ひとり取り残さない経済のために

スコット・サンテンス 著　朴 勝俊 訳　1000円+税

増税なしで国民が一律給付を受け続ける。誰もが幸せになる経済社会が実現可能なことを本書は教えてくれる。経済アナリスト　森永卓郎さん推薦

グリーン・ニューディールを勝ち取れ

気候危機、貧困、差別に立ち向かうサンライズ・ムーブメント

ヴァルシニ・プラカシュ／ギド・ジルジェンティ 編著　朴 勝俊 ほか訳　2400円+税

サンライズによって全米の若者が気候変動対策とグリーン・ニューディールのために立ち上がった。次は日本だ。環境政策学者　明日香壽川さん推薦

気候危機とグローバル・グリーンニューディール

ノーム・チョムスキー&ロバート・ポーリン 共著　早川健治 訳　2200円+税

気候危機は解決できる。世界的思想家ノーム・チョムスキーと、世界最大の再エネ投資計画をオバマ政権下で監督したロバート・ポーリンが、気候危機を公正に解決するための「グローバル・グリーンニューディール」構想を語り尽くす。

普通の人々の戦い

AIが奪う労働・人道資本主義・ユニバーサルベーシックインカムの未来へ

アンドリュー・ヤン 著　早川健治 訳　3200円+税

国民一人当たり1000ドルを配るベーシックインカムで政治と社会を変える。起業家、社会活動家、政治家として社会の困難を解決するアンドリュー・ヤンの新政治宣言

世界牛魔人 グローバル・ミノタウロス

米国、欧州、そして世界経済のゆくえ

ヤニス・バルファキス 著　早川健治 訳　2400円+税

世界を覆う陰鬱な空にバルファキスが描いて見せた「キャピタリズム歴史絵巻」この炯眼は無視できない　このリーダビリティには逆らえない　ブレイディみかこさん推薦

負債の網 お金の闘争史・そしてお金の呪縛から自由になるために

エレン・ブラウン 著　早川健治 訳　4800円+税

現在の通貨制度が銀行利子付き負債により翻弄されていることを批判して、公的な政府発行通貨による経済社会構造の転換を呼びかける革命的提言書

鮫島 浩 Hiroshi Samejima
政治ジャーナリスト サメジマタイムズ主宰 元朝日新聞記者

1971年生。京都大学法学部の佐藤幸治ゼミで憲法を学ぶ。94年に朝日新聞へ入社し、99年から政治部。菅直人、竹中平蔵、古賀誠、与謝野馨、町村信孝ら与野党政治家を幅広く担当し、39歳の若さで政治部デスクに異例の抜擢。2013年に「手抜き除染」報道で新聞協会賞受賞。14年に福島原発事故「吉田調書報道」を担当して"失脚"。21年に退社し「SAMEJIMA TIMES」創刊。連日ウェブサイトで政治解説記事を無料公開し、ユーチューブでも政治解説を発信。サンデー毎日やプレジデントオンラインに寄稿。AbemaTV、ABCラジオなど多数出演。著書に『朝日新聞政治部』(講談社22年)、泉房穂・前明石市長との共著に『政治はケンカだ!』(同23年)

みんなで変えよう政治シリーズ 1

あきらめない政治
ジャーナリズムからの政治入門

2024年7月10日　初版第一刷発行

著　者　鮫島 浩
発行所　株式会社 那須里山舎
発行者　白崎一裕
〒324-0235 栃木県大田原市堀之内625-24
電話　0287-47-7620　Fax 0287-54-4824
https://nasu-satoyamasya.com/
イラスト　kigimura
装　丁　albireo
印刷・製本　株式会社シナノパブリッシングプレス

ISBN 978-4-909515-10-0 C0031
定価はカバーに表示してあります。